养老护理服务人员职业能力培训系列教材

养老服务机构人员培训与指导

主　编：刘　芳　雷　雨
副主编：杨小红
编　者：杜　娟　雷　雨　刘　芳
　　　　宋晨辉　席小芳　杨小红
主　审：文玉玲

中国劳动社会保障出版社

图书在版编目(CIP)数据

养老服务机构人员培训与指导/人力资源社会保障部教材办公室等组织编写. -- 北京：中国劳动社会保障出版社，2019
养老护理服务人员职业能力培训系列教材
ISBN 978-7-5167-4112-2

Ⅰ.①养… Ⅱ.①人… Ⅲ.①养老-社会服务-组织机构-从业人员-中国-职业培训-教材 Ⅳ.①D669.6

中国版本图书馆 CIP 数据核字（2019）第 162925 号

中国劳动社会保障出版社出版发行

（北京市惠新东街 1 号　邮政编码：100029）

*

北京市艺辉印刷有限公司印刷装订　新华书店经销
787 毫米×1092 毫米　16 开本　7.5 印张　114 千字
2019 年 8 月第 1 版　2019 年 8 月第 1 次印刷

定价：23.00 元

读者服务部电话：（010）64929211/84209101/64921644
营销中心电话：（010）64962347
出版社网址：http://www.class.com.cn

版权专有　侵权必究

如有印装差错，请与本社联系调换：（010）81211666
我社将与版权执法机关配合，大力打击盗印、销售和使用盗版图书活动，敬请广大读者协助举报，经查实将给予举报者奖励。
举报电话：（010）64954652

内容简介

本教材由人力资源社会保障部教材办公室、重庆城市管理职业学院组织编写。教材从行业现状及可操作性的角度出发，能较好地对养老服务机构中工作人员进行有效、直接的帮助和全面务实的指导，全面提升从业人员的基本素质。

本教材根据国家职业标准编写，以"职业技能培训、岗位技能培训"需求为导向，依据养老服务机构发展的实际需求，内容遵循职业标准中要求的知识点和技能点，涵盖岗位技能要点。知识内容的编写以满足人员培训基本素养和专业知识的需要为前提，突出以实用性、可操作性和可考性为核心的编写方向。全书共分为6章，主要包括：养老服务机构管理、养老服务机构人员的职业道德与服务内容、养老服务机构的行政管理、养老服务机构的人力资源管理、养老服务机构的安全与事故管理、养老服务机构内部培训的实施与管理。各章着重介绍相关专业理论知识和操作技能，使理论与实践能更好地结合，便于学员学习和领会。

本教材由重庆城市管理职业学院刘芳、雷雨担任主编，杨小红担任副主编，由文玉玲担任主审。重庆城市管理职业学院席小芳、宋晨辉以及重庆医科大学附属第一医院杜娟也参与了本教材的编写。第1章由宋晨辉编写，第2章由席小芳编写，第3章由杜娟编写，第4章由刘芳编写，第5章由杨小红编写，第6章由雷雨编写。

本教材可供全国其他地区从事养老护理工作的人员学习及进行岗位培训或就业培训使用。

目　录

第1章　养老服务机构管理 ·· 1
　　第1节　养老服务机构管理概述 ································· 1
　　第2节　养老服务机构的服务理念与管理办法 ············· 5

第2章　养老服务机构人员的职业道德与服务内容 ········ 13
　　第1节　养老服务机构人员的职业道德 ····················· 13
　　第2节　养老服务机构的护理内容 ···························· 17
　　　　学习单元1　生活照料 ······································ 17
　　　　学习单元2　膳食护理 ······································ 24
　　　　学习单元3　日常护理 ······································ 26
　　　　学习单元4　医疗保健 ······································ 31

第3章　养老服务机构的行政管理 ······························· 45
　　第1节　养老服务机构的公文管理 ···························· 45
　　第2节　养老服务机构的会议管理 ···························· 47
　　第3节　养老服务机构的档案管理 ···························· 50
　　第4节　养老服务机构的印章与证件管理 ·················· 55
　　第5节　养老服务机构规章制度的制定与执行 ············ 56

第4章　养老服务机构的人力资源管理 ························ 62
　　第1节　养老服务机构员工聘用与培训 ····················· 62
　　第2节　养老服务机构的人事管理制度 ····················· 66

第5章　养老服务机构的安全与事故管理 ····················· 70
　　第1节　养老服务机构的安全管理内容、原则、难点与方法 ········ 70

         第 2 节　养老服务机构的安全防范制度与设备 …………………… 81
         第 3 节　养老服务机构的安全管理模式与意外事件的防范处理 …… 88

第 6 章　养老服务机构内部培训的实施与管理 ………………………… 93
         第 1 节　培训与培训师 …………………………………………… 93
         第 2 节　培训前的准备工作 ……………………………………… 97
         第 3 节　加强和优化培训效果 …………………………………… 105

第1章

养老服务机构管理

第1节　养老服务机构管理概述

了解服务的概念及特性
掌握养老服务机构管理的基本知识

一、服务的概念及特性

1. 服务的概念

服务是指为他人做事，并使他人从中受益的一种有偿或无偿的活动，是一种行动、行为或表现。

2. 服务的特性

（1）无形性。大多数服务往往是无形的，虽然可能需要借助某种实体或体现在实体中，但它本身并不是实体。

（2）缺乏所有权。正是因为服务所具有的无形性，服务无法像产品那样通过购买即可获得其所有权。

（3）不可分离性。多数服务的产生和消费过程是不可分的，顾客只有加入到服务的产生过程才能最终完成服务的消费，也就是说，大多数服务不能储存以备将来使用，当提供者提供服务时顾客必须亲自参与。

（4）易逝性。由于服务的无形性和不可分离性，服务容易消逝而不能像有形产品一样储存和收回。

（5）差异性。服务多数是由人提供给人的，涉及顾客的身体、心理或财产等方面，在顾客和服务提供者之间的互动过程中，结果往往具有难以预测性，因而呈现巨大的差异性。

二、养老服务机构管理的基本知识

1. 养老服务机构管理的概念

养老服务机构管理指的是养老服务机构在为入住老年人提供服务的过程中，对服务内容、服务质量、机构内部人员等各个方面的管理。

2. 养老服务机构常见的管理方式

（1）系统化管理。系统化管理是建立在系统论和控制论基础上的一种管理方法。它强调任何组织机构都是一个完整的系统，都应该按照系统学原理与方法进行统筹规划与管理，以保证组织机构近期和长远发展目标的实现。系统化管理不仅应用于组织机构管理体系的建立，还应用于产品质量管理，强调把组织机构各部门、各环节的生产、经营、服务活动严密地组织起来，规定它们在质量管理方面的责任、任务和权限，并建立统一协调这些活动的组织机构，在组织机构内形成一个完整的质量管理工作体系。这个体系就是国际标准化组织（International Organization for Standardization，ISO）提出的"质量管理体系"。

目前，北京、上海、天津、江苏、浙江和广东等地的国办社会福利机构都推行 ISO 9000 质量标准体系认证，产生的效果是积极和显著的。通过认证，帮助养老服务机构建立一套完整、被国际认可的质量管理体系，使其部门与岗位职责更加清晰，经营管理更加规范，服务质量得到全面提升。同时，也帮助养老服务机构打造品牌，树立良好的社会形象，从而利用非价格因素提高机构在业内的竞争力。

（2）制度化管理。制度化管理是用来规范组织机构和员工行为的一种手段，也是各种管理手段实施的基础。实行制度化管理首先要制定切实可行的规章制度。正所谓"不以规矩，不能成方圆"，这个"规矩"就是规章制度。大家共同遵守规章制度，才能使组织机构管理规范有序，工作井井有条，更容易实现组织共同奋斗的目标。此外，大家共同遵守规章制度，容易形成良好的习惯，由此逐渐形成组织机构文化，使制度化管理演化为文化管理。

不切合实际、不合理、不科学的规章制度往往不能被员工认同、理解、接受和执行，使制度流于形式，成为一种摆设。另外，现实工作中，偶尔可见制定制度的人首先不遵守制度，甚至是违反制度，给制度的实施带来极大的负面影响。因此，实施制度化管理应注意三个问题：一是有法必依；二是执法必严，违法必究，不搞下不为例；三是功过清晰，奖惩分明。

（3）标准化管理。麦当劳、沃尔玛和海尔等成功企业，它们的共同之处在于推行了标准化管理。这三大中外知名企业之所以成功，与企业标准化管理的思想、体制、手段、方法、服务、技术等是分不开的。

（4）目标化管理。目标化管理强调根据既定的目标进行管理，即围绕目标，以实现目标为中心开展一系列管理活动。这种管理的主要特点包括以下几点。

1）强调活动的目的性，重视未来发展研究和目标体系的设置。

2）强调用目标来统一和指导全体员工的思想和行动，以保证组织的整体性和行动的一致性。

3）强调根据目标进行系统管理，使管理过程、员工、管理方法和工作安排都围绕目标运行。

4）强调发挥员工的积极性、主动性和创造性，按照目标要求实行自主管理和自我控制，以提高员工适应环境变化的能力。

5）强调根据目标考核绩效，以保证管理活动获得满意的效果。

通常，养老服务行业的主管部门会与下属的养老服务机构协商并下达目标责任（内容多为年度目标责任，也可为任期目标责任），并依据目标责任实现情况考核机构主要领导工作业绩。机构领导在接到行业主管部门下达的目标责任后，经过协商将机构的总体目标分解到科室，由院长与科室负责人签订目标责任书，其内容包括年度（或季度、月度）经济责任指标、床位利用率、服务质量、老年人的满意度、差错与事故控制、能耗与物质消耗等指标。

各科室负责人还可以把科室目标进一步分解到住区或班组，形成层层工作有目标责任、层层抓目标落实的局面。各级领导考核下属部门目标完成情况，以决定各部门工作业绩以及工作分配、奖金发放和年度评优。目标管理是系统化的整体管理，若运用得当，将显著提高养老服务机构的经营效益。

（5）信息化管理。信息化管理是计算机技术、通信技术和管理科学在机构管理中的应用，是计算机技术对机构管理的影响、渗透以及相互结合的产物。目前，国内越来越多的养老服务机构采用"养老服务机构信息化管理系统"。以某智慧养老云平台为例，角色分层管理在财务、人员管理，老年人健康管理，安防监督，服务内容等养老服务机构管理及服务工作上进行了全面信息化的革新，既节约了时间、降低了成本，又提高了效率，而且还规范了养老服务机构经营、服务与管理行为，使养老服务机构服务上水平、管理上层次。"养老服务机构信息化管理系统"涵盖了养老服务机构业务管理、医护管理、药品管理、人员管理、就餐管理、费用管理等模块，涉及养老服务机构管理的方方面面，是养老服务机构科学管理的重要工具。

（6）思想政治工作管理。思想政治工作历来是我国各行业的管理手段之一，它体现了企业文化。只有端正思想、提高认识、达成共识、消除误解与隔阂，才能使整个养老服务机构工作井然有序地进行。养老服务机构不仅要重视员工的思想政治工作，而且还要重视入住老年人的思想政治工作。养老服务机构要发挥党、政、工、青、妇等组织和机构管理委员会的优势，做好员工和入住老年人的思想政治工作，为实现共同的目标不断努力。

第2节　养老服务机构的服务理念与管理办法

熟悉养老服务机构的服务理念
掌握养老服务机构的管理办法

一、养老服务机构的服务理念

1. 服务对象及特点

养老服务机构的主要服务对象是老年人，但某些养老服务机构（如农村敬老院）也接收辖区内的孤残儿童或残疾人。

公益即"公众利益"。公益性事业是指直接或间接地为社会公共经济活动、社会活动和居民生活服务的部门、企业及设施。公益性企业是指直接涉及社会公共利益领域的企业。我国绝大多数养老服务机构以帮扶和救助城市"三无"、日常生活疏于照料，以及农村"五保"老年人为主，且多不以营利为主要目的，所以其公益性特征尤为突出。

养老服务与其他服务不同的是，养老服务是一种"全人、全员、全程"服务。"全人"服务是指养老服务机构不仅要满足老年人的衣、食、住、行等基本生活照料需求，还要满足老年人医疗保健、疾病预防、护理与康复，以及精神文化、心理与社会等需求；要满足入住老年人上述需求，需要养老服务机构全体工作人员的共同努力，这就是"全员"服务；绝大多数入住老年人是把养老服务机构作为其人生最后的归宿，从老年人入住那天开始，养老服务机构工作人员就要做好陪伴老年人走完人生最后一段里程的准备，这就是"全程"服务。

入住养老服务机构的老年人平均年龄在 75 岁以上，增龄衰老，使老年人成为意外事件、伤害、疾病突发死亡的高危人群。此外，养老服务业又是一个投资大、回报周期长、市场竞争激烈的高风险行业。如果没有市场意识、经营意识，没有严格的管理和风险防范机制，必然增加养老服务机构投资与经营的风险。

2. 服务宗旨

宗旨有目的和意图之意，换而言之，宗旨就是指目标和理想。养老服务机构的服务宗旨是安排、照料、护理好老年人，让老年人满意，让子女及家属放心，为政府和社会分忧。绝不能只追求经济利益，而不顾老年人的安危、冷暖和其他需求，否则机构将会受到社会舆论的谴责和政府的制裁。《老年人社会福利机构基本规范》（2001）要求各养老服务机构必须在建院之初都明确其服务宗旨，并严格按照所设定的服务宗旨开展养老服务工作。当然，养老服务机构服务宗旨在具体宣传、表述方式上可以存在差别。目前国内采用较为普遍的描述语言有"尊老、敬老、爱老、热情、周到、服务""关爱、真诚、沟通、服务""勤恳、热诚为入住老年人服务""老年人至上，服务第一""让老年人满意，让家属放心"和"替儿女尽孝，为政府分忧"等。此外，也可结合机构的名称巧妙制定。

3. 其他国家的服务理念

（1）自立支援。在日本，养老服务主要强调的是"自立支援"，具体是指"我并不是对老年人一切包办，而是帮助老年人自立。通过我的帮助老年人自立了，他的心情会有所好转，生活的主观能动性也会随之增强"。日本的养老服务不是保姆型的，而是以支援为主，实现老年人自身的价值，将"由我来为您服务"转变为"请让我来帮助您"。

（2）身心并护。对于老年人，不仅要考虑到其简单的生理性需求，同时还要兼顾老年人自由、尊严、社交、心理层面的需求，并尽量满足。

（3）个性化关怀。每个人的职业经历不一样，家庭背景也不一样，在护理过程中，老年人每天几点起床、吃饭等，大概的流程是类似的，但是每个人想吃东西、想洗头的时间或者想看的电视内容等是有区别的，要充分考量个性化关怀，提供有针对性的服务。个性化关怀可帮助养老护理员提高为老年人服务的效率。

（4）在地养老。在地养老提倡社区型、密集型的小区，即简政放权，把机构越做越小，区域划分越来越小，目的是最大程度地满足老年人实际层面的需求，更深入地了解其现实生活的状态，而不是局限于"去大机构"这样笼统的观念。但是每个机构并不希望老年人生活圈子缩小，反而希望老年人以机构为核心，跟当地志愿者一起交流，通过多方面的协调，让家属跟老年人的关系更加紧密，一方面减轻老年人家属的护理负担，另一方面避免老年人因为住在机构而与家属断了联系。例如，日本的养老服务机构都有一处像茶室一样的公共空间，附近的居民也可以来，来了之后需要换鞋并戴口罩；当地经常举办活动，努力营造一个当地居民与养老服务机构互通的状态。

以上四种服务理念的具体服务形式如图1—1所示。

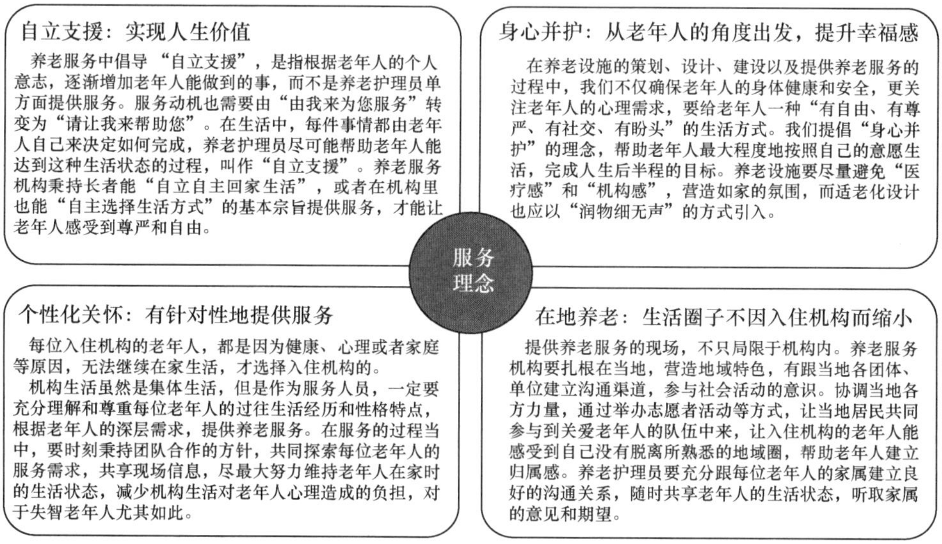

自立支援：实现人生价值

养老服务中倡导"自立支援"，是指根据老年人的个人意志，逐渐增加老年人能做到的事，而不是养老护理员单方面提供服务。服务动机也需要由"由我来为您服务"转变为"请让我来帮助您"。在生活中，每件事情都由老年人自己决定如何完成，养老护理员尽可能帮助老年人达到这种生活状态的过程，叫作"自立支援"。养老服务机构秉持长者能"自立自主回家生活"，或者在机构里也能"自主选择生活方式"的基本宗旨提供服务，才能让老年人感受到尊严和自由。

身心并护：从老年人的角度出发，提升幸福感

在养老设施的策划、设计、建设以及提供养老服务的过程中，我们不仅确保老年人的身体健康和安全，还关注老年人的心理需求，要给老年人一种"有自由、有尊严、有社交、有盼头"的生活方式。我们提倡"身心并护"的理念，帮助老年人最大程度地按照自己的意愿生活，完成人生后半程的目标。养老设施要尽量避免"医疗感"和"机构感"，营造如家的氛围，而适老化设计也应以"润物细无声"的方式引入。

个性化关怀：有针对性地提供服务

每位入住机构的老年人，都是因为健康、心理或者家庭等原因，无法继续在家生活，才选择入住机构的。

机构生活虽然是集体生活，但是作为服务人员，一定要充分理解和尊重每位老年人的过往生活经历和性格特点，根据老年人的深层需求，提供养老服务。在服务的过程当中，要时刻秉持团队合作的方针，共同探索每位老年人的服务需求，共享现场信息，尽最大努力维持老年人在家时的生活状态，减少机构生活对老年人心理造成的负担，对于失智老年人尤其如此。

在地养老：生活圈子不因入住机构而缩小

提供养老服务的现场，不只局限于机构内。养老服务机构要扎根在当地，营造地域特色，有跟当地各团体、单位建立沟通渠道，参与社会活动的意识。协调当地各方力量，通过举办志愿者活动等方式，让当地居民共同参与到关爱老年人的队伍中来，让入住机构的老年人能感受到自己没有脱离所熟悉的地域圈，帮助老年人建立归属感。养老护理员要充分跟每位老年人的家属建立良好的沟通关系，随时共享老年人的生活状态，听取家属的意见和期望。

服务理念

图1—1 四种服务理念的具体服务形式

二、养老服务机构的管理办法

《养老机构管理办法》（中华人民共和国民政部令第49号）经2013年6月27日民政部部务会议通过，自2013年7月1日起施行，具体内容为：

第一章 总　则

第一条　为了规范对养老机构的管理，促进养老事业健康发展，根据《中华人民共和国老年人权益保障法》和有关法律、行政法规，制定本办法。

第二条　本办法所称养老机构是指依照《养老机构设立许可办法》设立并依法办理登记的为老年人提供集中居住和照料服务的机构。

第三条　国务院民政部门负责全国养老机构的指导、监督和管理，县级以上地方人民政府民政部门负责本行政区域内养老机构的指导、监督和管理。其他有关部门依照职责分工对养老机构实施监督。

第四条　养老机构应当依法保障收住老年人的合法权益。入住养老机构的老年人应当遵守养老机构的规章制度。

第五条　县级以上地方人民政府民政部门应当根据本级人民政府经济社会发展规划和相关规划，会同有关部门编制养老机构建设规划，并组织实施。

第六条　政府投资兴办的养老机构，应当优先保障孤老优抚对象和经济困难的孤寡、失能、高龄等老年人的服务需求。

第七条　民政部门应当会同有关部门采取措施，鼓励、支持企业事业单位、社会组织或者个人兴办、运营养老机构。鼓励公民、法人或者其他组织为养老机构提供捐赠和志愿服务。

第八条　民政部门对在养老机构服务和管理工作中做出显著成绩的单位和个人，依照国家有关规定给予表彰和奖励。

第二章 服　务　内　容

第九条　养老机构按照服务协议为收住的老年人提供生活照料、康复护理、精神慰藉、文化娱乐等服务。

第十条　养老机构提供的服务应当符合养老机构基本规范等有关国家标准或者行业标准和规范。

第十一条　养老机构为老年人提供服务，应当与接受服务的老年人或者其代理人签订服务协议。

服务协议应当载明下列事项：

（一）养老机构的名称、住所、法定代表人或者主要负责人、联系方式；

(二) 老年人及其代理人和老年人指定的经常联系人的姓名、住址、身份证明、联系方式；

(三) 服务内容和服务方式；

(四) 收费标准以及费用支付方式；

(五) 服务期限和地点；

(六) 当事人的权利和义务；

(七) 协议变更、解除与终止的条件；

(八) 违约责任；

(九) 意外伤害责任认定和争议解决方式；

(十) 当事人协商一致的其他内容。

服务协议示范文本由国务院民政部门另行制定。

第十二条 养老机构应当提供满足老年人日常生活需求的吃饭、穿衣、如厕、洗澡、室内外活动等服务。

养老机构应当提供符合老年人居住条件的住房，并配备适合老年人安全保护要求的设施、设备及用具，定期对老年人活动场所和物品进行消毒和清洗。

养老机构提供的饮食应当符合卫生要求、有利于老年人营养平衡、符合民族风俗习惯。

第十三条 养老机构应当建立入院评估制度，做好老年人健康状况评估，并根据服务协议和老年人的生活自理能力，实施分级分类服务。

养老机构应当为老年人建立健康档案，组织定期体检，做好疾病预防工作。

养老机构可以通过设立医疗机构或者采取与周边医疗机构合作的方式，为老年人提供医疗服务。养老机构设立医疗机构的，应当依法取得医疗机构执业许可证，按照医疗机构管理相关法律法规进行管理。

第十四条 养老机构在老年人突发危重疾病时，应当及时通知代理人或者经常联系人并转送医疗机构救治；发现老年人为疑似传染病病人或者精神障碍患者时，应当依照传染病防治、精神卫生等相关法律法规的规定处理。

第十五条 养老机构应当根据需要为老年人提供情绪疏导、心理咨询、危机干预等精神慰藉服务。

第十六条 养老机构应当开展适合老年人的文化、体育、娱乐活动，丰富老年人的精神文化生活。养老机构开展文化、体育、娱乐活动时，应当为老年人提供必要的安全防护措施。

第三章　内部管理

第十七条　养老机构应当按照国家有关规定建立健全安全、消防、卫生、财务、档案管理等规章制度，制定服务标准和工作流程，并予以公开。

第十八条　养老机构应当配备与服务和运营相适应的工作人员，并依法与其签订聘用合同或者劳动合同。

养老机构中从事医疗、康复、社会工作等服务的专业技术人员，应当持有关部门颁发的专业技术等级证书上岗；养老护理人员应当接受专业技能培训，经考核合格后持证上岗。

养老机构应当定期组织工作人员进行职业道德教育和业务培训。

第十九条　养老机构应当依照其登记类型、经营性质、设施设备条件、管理水平、服务质量、护理等级等因素确定服务项目的收费标准。

养老机构应当在醒目位置公示各类服务项目收费标准和收费依据，并遵守国家和地方政府价格管理有关规定。

第二十条　养老机构应当按照国家有关规定接受、使用捐赠物资，接受志愿服务。

第二十一条　养老机构应当实行24小时值班，做好老年人安全保障工作。

第二十二条　养老机构应当依法履行消防安全职责，健全消防安全管理制度，实行消防工作责任制，配置、维护消防设施、器材，开展日常防火检查，定期组织灭火和应急疏散消防安全培训。

第二十三条　养老机构应当制定突发事件应急预案。突发事件发生后，养老机构应当立即启动应急处理程序，根据突发事件应对管理职责分工向有关部门报告，并将应急处理结果报实施许可的民政部门和住所地民政部门。

第二十四条　鼓励养老机构投保责任保险，降低机构运营风险。

第二十五条　养老机构应当建立老年人信息档案，妥善保存相关原始资料。

养老机构应当保护老年人的个人信息。

第二十六条　养老机构应当经常听取老年人的意见和建议，发挥老年人对养老机构服务和管理的监督促进作用。

第二十七条 养老机构因变更或者终止等原因暂停、终止服务的,应当于暂停或者终止服务60日前,向实施许可的民政部门提交老年人安置方案,方案中应当明确收住老年人的数量、安置计划及实施日期等事项,经批准后方可实施。

民政部门应当自接到安置方案之日起20日内完成审核工作。

民政部门应当督促养老机构实施安置方案,并及时为其妥善安置老年人提供帮助。

第四章 监督检查

第二十八条 民政部门应当按照实施许可权限,通过书面检查或者实地查验等方式对养老机构进行监督检查,并向社会公布检查结果。上级民政部门可以委托下级民政部门进行监督检查。

养老机构应当于每年3月31日之前向实施许可的民政部门提交上一年度的工作报告。年度工作报告内容包括服务范围、服务质量、运营管理等情况。

第二十九条 民政部门应当建立养老机构评估制度,定期对养老机构的人员、设施、服务、管理、信誉等情况进行综合评价。

养老机构评估工作可以委托第三方实施,评估结果应当向社会公布。

第三十条 民政部门应当定期开展养老服务行业统计工作,养老机构应当及时准确报送相关信息。

第三十一条 民政部门应当建立对养老机构管理的举报和投诉制度。民政部门接到举报、投诉后,应当及时核实、处理。

第三十二条 上级民政部门应当加强对下级民政部门的指导和监督,及时纠正养老机构管理中的违规违法行为。

第五章 法律责任

第三十三条 养老机构有下列行为之一的,由实施许可的民政部门责令改正;情节严重的,处以3万元以下的罚款;构成犯罪的,依法追究刑事责任:

(一)未与老年人或者其代理人签订服务协议,或者协议不符合规定的;

(二)未按照国家有关标准和规定开展服务的;

(三)配备人员的资格不符合规定的;

（四）向负责监督检查的民政部门隐瞒有关情况、提供虚假材料或者拒绝提供反映其活动情况真实材料的；

（五）利用养老机构的房屋、场地、设施开展与养老服务宗旨无关的活动的；

（六）歧视、侮辱、虐待或遗弃老年人以及其他侵犯老年人合法权益行为的；

（七）擅自暂停或者终止服务的；

（八）法律、法规、规章规定的其他违法行为。

第三十四条 民政部门及其工作人员违反本办法有关规定，由上级行政机关责令改正；情节严重的，对直接负责的主管人员和其他责任人员依法给予行政处分；构成犯罪的，依法追究刑事责任。

第六章 附 则

第三十五条 国家对光荣院、农村五保供养服务机构等养老机构的管理有特别规定的，依照其规定办理。

第三十六条 本办法自2013年7月1日起施行。

第2章
养老服务机构人员的职业道德与服务内容

第1节 养老服务机构人员的职业道德

了解职业、职业道德的主要内容及特点
掌握养老服务机构人员的职业道德要求及特点

一、职业

中国职业规划师协会定义"职业"为性质相近的工作的总称,通常指个人服务社会并作为主要生活来源的工作。在特定的组织内,它表现为职位(即岗位),通常在谈论某一具体的工作(职业)时,其实也就是在谈论某一类职位。

职业具有社会属性、规范性、功利性、技术性与时代性。社会分工是职业分类的依据,在分工体系的每一个环节上,劳动对象、劳动工具以及劳动的支出形式都各有特殊性,这种特殊性决定了各种职业之间的区别。

二、职业道德

职业道德的概念有广义和狭义之分。广义的职业道德是指从业人员在职业活动中应该遵循的行为准则，涵盖了从业人员与服务对象、职业与职工、职业与职业之间的关系；狭义的职业道德是指在一定职业活动中应遵循的、体现一定职业特征的、调整一定职业关系的职业行为准则和规范。不同的职业人员在特定的职业活动中形成了特殊的职业关系，包括职业主体与职业服务对象之间的关系、职业团体之间的关系、同一职业团体内部人与人之间的关系，以及职业劳动者、职业团体与国家之间的关系。

职业道德反映社会或一定阶级对从事某种职业的人们的道德要求，是一般社会道德在职业活动中的具体体现。一个社会是否和谐，一个国家能否实现长治久安，很大程度上取决于社会成员的思想道德素质。社会主义职业道德规范的主要内容是爱岗敬业、诚实守信、办事公道、服务群众、奉献社会。由于各行业的工作性质、社会责任、服务对象和服务手段不同，各行业的道德规范侧重点也有所不同，如服务类要求文明服务、诚实无欺；教育类要求教书育人、为人师表；医务工作者要求救死扶伤、治病救人。

职业道德由职业理想、职业态度、职业义务、职业纪律、职业良心、职业荣誉和职业作风七个基本要素构成。职业理想是形成职业态度的基础，是实现职业目标的精神动力；职业态度是从业者精神境界、职业道德素质和劳动态度的重要体现；职业义务是社会义务的一部分，是社会义务在职业活动中的具体表现；职业纪律是从业者做好本职工作的必要条件；职业良心是从业者对职业责任的自觉意识；职业荣誉是个人价值与社会价值的统一；职业作风是一种无形的精神力量，对从业者的事业具有重要作用。

1. 职业道德的特征

（1）行业性。行业之间的职业道德存在差异，各行业都有特殊的道德要求。例如，商业领域对从业者的道德要求是"买卖公平、童叟无欺"，驾驶员的职业道德要求是"遵守交规、文明行车"等。

（2）有限性。一方面，职业道德一般只适用于从业人员的岗位活动，在特定的职业范围内起作用；另一方面，职业道德只能对从事该行业和该岗位的从业人员具有指导和规范作用，而不能对其他行业和岗位的从业人员起作用。

（3）多样性。职业领域的多样性决定了职业道德表现形式的多样性。职业道德将各行业规章制度、行业公约、员工守则、岗位职责等要求进行具体化、规范化，使职业道德具有了多样性的特征。

(4) 约束性。从业人员一旦违反职业道德的基本要素之一——职业纪律，给企业和社会带来损失和危害时，职业道德就将根据其具体的评价标准对违规者进行处罚，违规者轻则受到经济与纪律处罚，重则被移交司法机关，由法律进行制裁。

(5) 稳定性。职业一般处于相对稳定的状态，这决定了反映职业要求的职业道德必然处于相对稳定的状态。如商业领域"童叟无欺"的职业道德、医务行业"救死扶伤"的职业道德，一直被从事相关行业的人们传承和遵守。

(6) 利益相关性。职业道德与物质利益具有一定的关联性。利益是道德的基础，各种职业道德规范及表现状况关系到从业人员的利益。一般情况下，企业将职业道德规范与行业特点、要求紧密结合在一起，变成更加具体、明确、严格的岗位责任或岗位要求、奖励或处罚措施等，与从业人员的物质利益挂钩，强调责、权、利的统一，便于监督、检查、评估，以促进从业人员更好地履行自己的职业责任和义务。

2. 职业道德的作用

(1) 职业道德是个人发展的基础。职业是人们谋生的手段，职业道德是个人事业发展、成功的基础条件。每个人都要通过从事一定的职业才能获得个人成长。合格的从业人员不仅需要具备基本的知识和工作技能，还需要具备从事本专业的道德素质，以实现个人职业的快速发展和提升，增强自身职业荣誉感，实现人生价值。

(2) 职业道德是形成良好社会风尚的保障。社会风尚是人们的精神面貌和社会关系的综合反映，各行业从业人员的道德都不同程度地影响着整个社会道德风尚和习俗的形成和发展。如果每个人都具备良好的职业道德，在实践中就会自觉践行社会主义荣辱观，树立正确的世界观、人生观和价值观，从而在全社会形成爱国、敬业、诚信、友善的道德规范和男女平等、尊老爱幼、扶贫济困、礼让宽容的人际关系，以及知荣辱、讲正气、促和谐的良好社会风尚。

(3) 职业道德是推动社会经济发展的力量。职业道德以规范、守则等形式指导人们的职业活动，是推动社会经济发展和物质文明建设的重要力量。

三、养老护理员的职业道德

任何一项职业都有其特定的职业标准，都需要遵守职业基本的规范要求。养老护理员职业守则为：尊老敬老、以人为本，服务第一、爱岗敬业，遵章守法、自律奉献。

1. 尊老敬老、以人为本

"老吾老以及人之老"，关爱老年人，不仅是中华民族的传统美德，更是一种义务与责任。尊敬老年人从细节做起，例如，给老年人让座位、帮扶老年人过马路、帮助老年人操作电子设备等。作为子女，要从物质上给予老年人赡养和照顾，生活上给予其关心和体贴。作为养老护理员，承担着照顾老年人、为老年人服务的艰巨任务，在工作中要处处为老年人着想，在实际行动中体现以老年人为本的理念，满足老年人的合理需求，切实保障老年人权益，让老年人体会到全社会对他们的尊敬和关怀。

2. 服务第一、爱岗敬业

服务第一就是把为集体、为他人工作放在首位。养老护理员所从事的护理照顾工作与其他服务业一样，要把老年人作为工作的首要出发点，把为老年人提供优质服务作为第一要务，全心全意为老年人服务。

爱岗敬业是服务第一的具体体现。爱岗，就是热爱自己的工作岗位；敬业，就是要用恭敬严肃的态度对待自己的工作。爱岗敬业不仅是个人生存和发展的前提和要求，也是社会存在和发展的要求。

养老护理员的工作是平凡的，但又是不可或缺的。养老护理员要对自己的岗位和职业充满激情和敬意，树立"服务第一"的职业观，在工作中努力学习养老护理专业知识和技能，全心全意为老年人服务。

3. 遵章守法、自律奉献

遵章守法是指人们必须按照法律、法规及纪律的有关规定做事。遵章守法的基本要求是：提高公民的法律意识，增强法治观念，做到知法、懂法、守法。对于养老护理员来说，法律、法规不仅是进行养老服务的依据，也是养老护理员自身行为的准则和维护服务对象及自身合法权益的有力工具。一个合格的养老护理员必须具有较强的法律意识，掌握相关的法律规定，同时正确认识到自己的法律地位、法律权利、法律责任，做到知法、守法，不仅要在养老护理中注意把法律知识加以运用，而且要在自己的工作和生活中增强法治观念，遵守法律规定，履行法律义务，杜绝违法犯罪行为。

奉献是一种忘我的、全身心投入的精神。养老护理员的工作是有益于国家、有益于社会、有益于人民的，是一项具有奉献精神的工作。奉献是社会主义职业道德的基石和最高境界，是集体主义思想在人生观、价值观和伦理观的升华。自律奉献要求养老护理员在为老年人服务中处处为老年人着想，严格要求自己，积极进取，精益求精，不断提高养老护理服务水平，摒弃一切不利于做好本职工作的思想和行为，自觉主动地在本职岗位上恪尽职守，把自己的才能奉献到为老年人服务的事业中。

第 2 节　养老服务机构的护理内容

学习单元 1　生活照料

了解老年人生活照料服务的内容
熟悉老年人生活照料服务的标准及特点

一、个人清洁卫生

个人清洁卫生服务又称为"身体清洁"，是老年人生理和心理健康的保障。通过对老年人身体表面的清洁，可使其达到消除疲劳、促进血液循环、改善睡眠、提高皮肤新陈代谢和增强抗病能力的目的。

老年人沐浴的种类主要分为淋浴、盆浴和床上擦浴。淋浴即洗澡时使用喷头淋湿全身进行洗浴；盆浴即在浴缸或浴盆中放入水，老年人泡在水里进行洗浴；床上擦浴是指针对卧床、行动不便的老年人，在床上使用浸湿的毛巾，按照由上至下的顺序为其擦拭全身，达到清洁身体的目的。另外，若老年女性长期卧床，应为其进行会阴部冲洗，防止其因在床上排泄造成泌尿系统感染或产生异味。会阴部清洁范围前至阴部，后至肛门周围，两侧至大腿内侧腹股沟处。

1. 协助老年人淋浴

协助老年人淋浴应遵循以下步骤有序进行：淋浴评估及工作准备、坐稳洗浴、擦干更衣、整理用品。

协助老年人淋浴应注意以下事项。

（1）老年人身体状况较好，要求单独洗浴时，浴室不要锁门，可在门外把手处悬挂示意标牌，并经常询问其是否需要帮助。

（2）地面应放置防滑垫，叮嘱老年人穿防滑鞋，以防止其摔倒。

（3）应先调节水温再协助老年人洗浴，水温调节应先开冷水再开热水。

（4）洗浴时间应安排在老年人进食一小时之后，且洗浴时间不宜过长，水温不宜过高，以防发生缺氧、头晕等不适感。

（5）洗浴过程中随时询问、观察老年人情况，如有不适应迅速结束操作，并告知专业医护人员。

（6）协助老年人穿、脱衣裤时，若遇一侧肢体活动障碍者，则先脱健侧、再脱患侧，先穿患侧、再穿健侧。

2. 协助老年人盆浴

协助老年人盆浴应遵循以下步骤有序进行：盆浴评估及工作准备、坐稳洗浴、擦干更衣、整理用品。

协助老年人盆浴应注意以下事项。

（1）浴盆内应放置防滑垫，以防老年人摔倒。

（2）洗浴时间应安排在老年人进食一小时之后，且洗浴时间不宜过长，水温不宜过高，以防发生缺氧、头晕等不适感。

（3）洗浴过程中随时询问、观察老年人情况，如有不适应迅速结束操作，并告知专业医护人员。

（4）协助老年人穿、脱衣裤时，若遇一侧肢体活动障碍者，则先脱健侧、再脱患侧，先穿患侧、再穿健侧。

3. 为老年人进行床上擦浴

为老年人进行床上擦浴应遵循以下步骤。

（1）床上擦浴评估及工作准备。

（2）顺序擦浴：①面部（眼睛、额部、鼻部、面颊、颈部）；②手臂；③胸部；④腹部；⑤背臀部；⑥下肢；⑦足部；⑧会阴部。

（3）整理用物。为老年人进行床上擦浴应注意以下事项：①擦浴过程中动作要轻稳，老年人身体暴露部位应及时遮盖，以防着凉；②随时更换清水，注意调节水温；③擦洗过程中，观察老年人的反应，如出现寒战、面色苍白等情况，要立即停止擦浴，并为老年人进行保暖，通知医护人员；④清洗会阴部、足部的毛巾和水盆应分开单独使用。

4. 为老年女性清洗会阴部

为老年女性清洗会阴部应遵循以下步骤。

（1）养老护理员向老年人解释清洗目的及方法，以取得老年人的配合。

（2）清洗前的工作准备。

（3）摆放体位。按照仰卧位或侧卧位放置便盆，协助老年人取仰卧屈膝位。

（4）冲洗、擦干。养老护理员戴好橡胶手套，一手持冲洗壶，一手拿毛巾，按照阴部至肛门至腹股沟的顺序，边冲洗边擦洗会阴部。清洗完成后撤去便盆，用毛巾擦干并检查会阴部皮肤状况，更换一次性尿垫，为老年人盖好盖被。

（5）整理用物。为老年女性清洗会阴部应注意以下事项：①操作前，养老护理员应洗净双手；②便盆不可硬塞于老年人臀下，以免挫伤骶骨尾部皮肤；③清洗时缓慢倒水，避免打湿被褥；④擦拭会阴部的毛巾应专用。

二、穿衣

1. 穿着鞋袜

老年人着装不仅要美观、保暖，更要舒适、健康，穿衣应遵循实用、舒适、整洁、美观四个特点。有些老年人由于年迈体弱，自理程度下降或血液回流功能减弱等原因，要求养老护理员掌握快捷的穿衣方法，并在协助老年人穿衣裤的同时，还能为其选择合适的鞋袜，以袜口不过紧的棉质袜子，具有排汗、减震、安全、柔软、轻巧、舒适等特点的鞋为宜。

2. 更换上衣

（1）协助老年人更换开襟上衣。养老护理员做好环境、物品准备，经沟通取得老年人配合，老年人做好换衣准备。老年人取仰卧位，养老护理员一手扶其肩膀，一手扶其髋部，帮助其翻身侧卧，并为其脱去或穿上一侧衣袖，随后协助其取平卧位，于身下拉出需要更换或清洁的上衣，用同样的方法为其脱去或穿好另一侧衣袖。更换好上衣后，为老年人扣好纽扣，拉平、整理衣身、衣袖、衣领，盖好盖被。协助穿衣过程中应注意操作轻柔快捷，避免老年人着凉；协助老年人翻身时，应注意安全，必要时安装床挡。

（2）协助老年人穿脱套头上衣。养老护理员做好环境、物品准备，经沟通取得老年人配合，老年人做好换衣准备。老年人取坐位，养老护理员将套头上衣由下而上拉至老年人胸部，一手托住其头部，由背后向前脱下衣身；一手扶其肩膀，一手拉近侧袖口脱下衣袖，同法脱另一侧衣袖。

养老护理员协助老年人穿套头上衣时，应一手穿过衣袖握住老年人手腕，为其穿好衣袖；一手托住老年人头部，一手握衣背开口至领口，套入其头部，将衣衫整理平整，帮助其取舒适卧位，盖好盖被。协助老年人坐位穿衣时应注意安全。

3. 更换裤子

养老护理员做好环境、物品准备，经沟通取得老年人配合，老年人做好换裤子准备。老年人取仰卧位，养老护理员为老年人解开腰带、裤扣，协助其左倾拉右侧裤子至臀下，右倾拉左侧裤子至臀下，叮嘱其屈膝后将裤子褪至膝下，帮助其抬腿后褪去裤腿。协助老年人更换清洁裤子时，应一手穿过裤口至腰开口，抓住老年人脚踝并提拉裤管，然后拉住裤腰提至臀部，协助其左倾，拉右侧裤腰至臀部，用同样的方法拉左侧裤腰至臀部后系好裤扣、腰带，盖好盖被。协助老年人穿脱裤子过程中不可硬拽，以免损伤老年人皮肤。

三、修饰

"仪容"指人的外观、外貌，"仪表"即人的外表，仪容仪表包括人的容貌、服饰和姿态等。修饰老年人仪容仪表的基本原则是美观、整洁、卫生、得体，具体内容包括：①保持老年人面部清洁，为老年男性剃须；②保持老年人头发清洁整齐；③定期为老年人修剪指（趾）甲；④按时为老年人进行口腔清洁；⑤保证老年人身体无异味；⑥保证老年人穿着得体等。

四、口腔清洁

老年人机体抵抗力下降且对细菌的清除能力减弱，口腔内更容易滞留食物残渣，使细菌大量繁殖，造成口腔炎症、溃疡、口臭及其他并发症。老年人口腔清洁分为自理、半自理（漱口、刷牙）清洁法与无法自理（棉棒擦拭或漱口）清洁法。如果老年人佩戴义齿，还应为其进行义齿清洁、佩戴。

协助老年人漱口时应注意以下事项：①每次漱口水不可过多，防止老年人呛咳或误吸；②协助卧床老年人漱口时，在其口角垫好毛巾，避免打湿被服。

协助老年人刷牙时应采用竖刷法清洁牙齿外侧面，上牙自上而下、下牙自下而上刷洗内侧面，螺旋刷洗咬合面，轻摩牙龈后漱口，过程中动作应轻柔，避免牙龈损伤。

用棉棒协助老年人擦拭清洁口腔应遵循由内而外的原则，擦拭外侧面、内侧面、咬合面，轻按牙龈，然后按照两颊、上颚、舌面、舌下的顺序擦拭。操作过程中棉棒不可反复使用，且蘸水后应轻压挤水，防止老年人呛咳；避免过于靠近老年人咽部，以防其产生恶心等不适感。

五、饮食照料

1. 进食体位的选择

根据老年人的自理程度及病情，采取适宜的进食体位，可增进其食欲和进食量，同时避免因不良体位引发的呛咳、误吸、噎食、窒息等意外。若老年人可完全自理或上肢功能较好，应尽量采用坐位进食；若老年人病情危重或卧床，应避免平卧位，尽量采用半卧位，头偏一侧进食，以避免呛咳等意外发生。

2. 饮食结构的选择

老年人消化器官功能减退，对食物的消化、营养的吸收功能随之下降，因此老年人膳食应注意多样化，多食杂粮、豆类、鱼类、蛋类、奶类、海产品类、蔬菜和水果等，科学、合理饮食，保持营养素的平衡。

老年人饮食种类的选择可根据其咀嚼、消化能力及身体状况分为普通饮食、软质饮食、半流质饮食和流质饮食四种。可根据病情选择适合老年人服用的高热量饮食、高蛋白饮食、低蛋白饮食、高纤维素饮食、低纤维素饮食、低盐饮食、低脂肪饮食、低胆固醇饮食、无盐（低钠）饮食等，在满足老年人基本膳食的基础上，通过增加或减少某种营养素，促进老年人疾病的康复，延缓疾病的发展，避免或减少并发症的发生。

3. 进食方式的选择

根据老年人身体自理能力的不同并结合其身体状况、疾病特点，老年人可采用自理进食、协助（半自理）进食、喂食或鼻饲管喂食等进食方式。其中，鼻饲是将导管经鼻腔插入胃内，从管内灌注流质食物、水分和药物的方法，其主要目的是为不能经口进食的老年人注入流质食物等以维持生命。鼻饲法多用于意识障碍、痴呆等不能由口进食的老年人、因脑血管意外导致经口进食困难或进食后严重呛咳的老年人及其他原因引起的进食困难的老年人。鼻饲饮食主要分为混合奶、匀浆混合奶和要素饮食。

4. 进食意外的救助

对于老年人在进食过程中出现噎食、误吸等情况，养老护理员应当及时识别诊断、就地抢救、分秒必争，根据实际情况采用拍背法、腹部手拳冲击法及时帮助老年人排出异物。抢救过程中应注意动作用力适度，以免造成老年人肋骨骨折或内脏损伤的情况。

六、排泄护理

排泄是机体将新陈代谢的产物与机体不需要或过剩的物质排到体外的生理活动过程，是维持生命的必要条件，人体只有通过排泄才能将机体新陈代谢的产物及废物排到体外，维持身体内环境的协调平衡。老年人自理能力下降、机体功能减弱或疾病等原因均可导致排泄功能障碍。养老护理员应根据老年人身体状况协助其采取适宜的排泄体位、方法，以减轻老年人排泄时的不便和痛苦。

人体的排泄途径有皮肤、呼吸道、消化道及泌尿道，其中消化道和泌尿道是最主要的排泄途径，即排便和排尿。老年人排便异常通常表现为便秘、粪便嵌顿、腹泻、排便失禁、肠胀气等；排尿异常分为尿失禁和尿潴留。排泄异常的护理通常需要先了解病因，以便进行针对性护理。可通过膳食调整、补水、适量增加活动量等方法促进排泄恢复，严重时可采用缓泻法、灌肠法或口服补盐液、静脉滴注补充水电解质等方法协助排泄。

排泄护理要求包括：帮助卧床老年人使用便盆及便壶排泄，为老年人更换尿垫和纸尿裤，采集老年人二便标本，使用开塞露辅助老年人排便，协助老年人呕吐时变换体位等。

七、压疮预防

卧床老年人最易出现的皮肤问题就是压疮，绝大多数压疮是可以预防的。养老护理员在工作中做到勤为老年人翻身，保持其皮肤清洁，勤为其更换内衣及被褥，避免老年人局部长时间受压，严格交接老年人皮肤情况，认真执行护理措施，就可以很大程度地减少压疮的发生。目前市场上用于预防压疮的产品有压疮垫、楔形垫、软枕和透明膜等。

预防压疮应着重观察卧床老年人的如下情况：①重点查看骨突出和受压部位的皮肤情况，如有无潮湿、水泡、破溃、感染、压红及压红消退时间；②了解老年人皮肤情况，如弹性、温度、颜色等；③了解老年人躯体活动能力，如有无肢体活动障碍、意识状态等；④了解老年人全身状态，如发热、消瘦或肥胖、昏迷或躁动、两便失禁、水肿等。

根据以上观察要点评估老年人发生压疮的危险因素，对将发或已发的老年人采用定时被动变换体位，每两小时一次。对受压皮肤解除压力数分钟后压红不消者，缩短翻身时间。建议对长期卧床的老年人采用充气床垫，对骨突出皮肤减压时，可使用透明贴膜保护。日常应为老年人做好私处清洁，肛周涂保护油剂。老年人饮食应少食多餐，采用高热量、高蛋白、高纤维素、高矿物质的饮食，增强其机体及皮肤的抵抗力。

学习单元2　膳食护理

了解为老年人进行膳食护理的准备工作
熟悉老年人饮食种类的选择方法
了解老年人就餐时间的安排
掌握协助老年人就餐的注意事项

老年人随着年龄的增加,身体机能退化,咀嚼消化能力降低,对食物中的营养物质吸收利用能力下降,抵抗力下降,从而影响自身健康。养老护理员在饮食照料上除了保证食物的色、香、味之外,同时还应注意协助老年人保持良好的进食体位,选择适当的进食方法,避免意外的发生。

一、膳食护理的准备工作

膳食服务的具体要求为:①环境整洁,温湿度适宜,无异味;②养老护理员服装整洁,双手清洁;③协助老年人饭前大小便并让其洗净双手;④根据具体情况准备轮椅或床上支具;⑤与老年人沟通进餐时间及食物,解决服药等特殊需求;⑥养老护理员根据老年人自理程度及病情帮助其采取适宜的进食体位,如轮椅坐位、床上坐位、半卧位、侧卧位等,并为老年人穿戴好围裙或在颌下及胸前垫好毛巾准备进餐。一定要避免老年人平卧位进食,以免食物反流进入呼吸道引起老年人呛咳、误吸、噎食、窒息等意外的发生。

二、老年人饮食种类的安排

食物和水是维持生命的物质基础,食物提供人体所需要的营养,为人体生长发育、组织修复和维持生理功能提供必要的营养素和热能。由于老年人消化器官功能的减退，对食物的消化、营养的吸收功能均减退，从食物中摄入的营养相应减少，因此应当合理控制老年人饮食总热能，做到荤素、粗细、干稀搭配，蛋白质、脂肪、碳水化合物比例适当。

老年人饮食选择应当遵循如下原则：①减少单糖及双糖的食物，放宽对主食类食物的限制；②限制脂肪摄入量；③食用优质蛋白质；④多吃含纤维素的食物；⑤多吃含维生素的食物。使老年人膳食多样化，保持营养平衡，形成适合老年人的科学合理的饮食结构。

三、进食时间的安排

1. 进食时间及频次

养老护理员应根据老年人的生活习惯，合理为其安排进食时间。老年人的进食时间一般为早餐上午6—7点，午餐中午11—12点，晚餐下午5—7点。除一日三餐之外，可适当在晨起、餐间或睡前为老年人补充一些糕点、牛奶、饮料等，以适应老年人肝糖原储备减少及消化吸收能力降低等特点。

2. 进食量和进食速度

老年人每天进食量应根据早中晚的活动量均衡分配到三餐中，主食"宜粗不宜细"、蛋白质宜精、脂肪宜少、维生素和无机盐应充足。适宜的进食量有利于维持正常的代谢活动，增强机体的免疫力，提高抗病的能力。老年人进食过冷的食物容易伤脾胃，影响食物消化、吸收，进食过热的食物会烫伤抵抗力弱的口腔黏膜，因此，老年人进食以不烫嘴为宜。老年人进食速度不宜过快，放缓进食速度有利于食物的消化和吸收，同时可预防在进食过程中发生呛咳或噎食等情况。

四、协助老年人进餐注意事项

（1）食物温度应适宜。食物温度太高会发生烫伤，温度太低则会引起老年人胃部不适。

2. 老年人进餐后不宜立即平卧，以防止食物反流。

3. 对于咀嚼或吞咽困难的老年人，可将食物捣成糊状，再协助其进食。

4. 老年人进食中发生呛咳、噎食等现象，应立即采取急救措施，并通知医护人员或家属。

5. 开水晾温后再递交到老年人手中或进行喂水，以防止烫伤。
6. 老年人饮水后不能立即平卧，以防止反流，发生呛咳、误吸。
7. 对于不能自理的老年人，每日应分次、定时喂水。
8. 流质饮食可使用瓶装或袋装塑封，防止污染。

学习单元 3　日常护理

熟悉老年人生命体征的观察方法
熟悉老年人卫生防护的方法
掌握机构内感染的控制方法
熟悉临终护理的要求

老年人衰老与疾病共存，其身体状况往往非常复杂，了解老年人的健康状况，属于医务人员的职责范围。养老护理员可以在医生、护士的指导下，对老年人身体情况进行初步了解，并掌握必要的技能协助做好日常护理服务。

一、老年人生命体征的观察

1. 体温的观察

正常成人腋下体温在 36~37℃，24 小时波动一般不超过 1℃，生理状态下，体温早晨略低，下午略高，运动或进食后稍高。体温高于正常值称为发热，37.5~38℃ 为低热，38~39℃ 为中热，39~40℃ 为高热，40℃ 以上为超高热；体温低于正常值称为体温过低，常见于年老体弱、严重营养不良、慢性消化疾病、甲状腺功能低下、急性大出血、休克等情况。

2. 脉搏的观察

脉搏是指动脉搏动，观察方法一般用除去拇指的其余 4 指，在外侧触检桡动脉。正常成人脉率和心率一致，为60~100次/分，常为70~80次/分，平均大约72次/分，老年人较慢，为55~60次/分。正常成人脉率规整，强弱均等，不会出现间隔时间长短不一的现象。运动和情绪激动时脉率可增大，而休息、睡眠时脉率则减小。脉率超过100次/分，称为心动过速；低于60次/分，称为心动过缓；出现脉率不整、强弱不一，则可能是心房纤颤。

3. 呼吸的观察

一般通过老年人胸部起伏进行呼吸的观察，正常成人在安静状态下呼吸频率为16~20次/分。老年人呼吸频率增大常见于活动、发热、疼痛等；呼吸频率减小常见于脑膜炎、昏迷、休克等；出现"潮式呼吸"或"间歇呼吸"则提示病情预后不良，多在呼吸即将停止时发生。

4. 血压的观察

根据《中国高血压防治指南》，18岁以上的成年人正常血压为：收缩压<140 mmHg，舒张压<90 mmHg；未服用抗高血压药的情况下，收缩压≥140 mmHg和（或）舒张压≥90 mmHg即为高血压。如果只有收缩压达到高血压标准，则称为单纯收缩期高血压。高血压常见于原发性高血压；继发性高血压的情况较少（<5%），常见于肾脏疾病、肢端肥大症、颅内高压等所致的血压增高。血压<90/60 mmHg时，称为低血压，常见于休克、急性心肌梗死、心力衰竭等，也可见于体质性低血压、体位性低血压、营养不良等。双上肢脉搏压>10 mmHg常见于多发性大动脉炎、血栓闭塞性脉管炎、先天性动脉畸形等；如下肢血压≤上肢血压，提示相应部位动脉狭窄或闭塞，常见于主动脉缩窄、闭塞性动脉硬化、胸腹主动脉性大动脉炎等。

二、老年人的卫生防护

老年人卫生防护是老年人和养老护理员需要共同明确的内容。一方面，通过卫生防护，老年人自身可以预防或减少一些疾病的发生；另一方面，通过养老护理员的工作，可加强对老年人居室、环境、个人、食品等方面的卫生防护，从而提高老年人的卫生防护能力。

1. 居室卫生

老年人免疫力低，抗病能力弱，大部分时间都在居室里度过，所以保持老年人居室的整洁卫生十分重要，应当做到湿式作业、通风换气、充分采光、注意消毒、绝对禁烟、消除害虫等要求。自然通风是室内最有效的空气消毒的方法，在良好的通风条件下，任何一种病菌都很难生存；阳光是人类生活中不可缺少的宝贵资源，利用天然光线，增加室内照明、消毒杀菌、净化空气的同时，还能使人豁然开朗、精神愉悦，促进健康。

2. 环境卫生

除居室以外，走廊、卫生间、浴室也是老年人经常要去的地方。走廊往往是老年人的活动场所，为了避免老年人磕碰绊倒，走廊地面要清洁、干燥、无杂物。一般情况下，卫生间和浴室都在一起，较高的温度和湿度成为病菌滋生的温床，因此一定要保持卫生间的通风和干燥，卫生间的门把手、冲水按钮、水龙头等处是病菌寄生的地方，应该多冲洗清洁。另外老年人体质下降，患有某些疾病，最大的特点是好静，对噪声特别敏感，所以老年人所处环境还应该保持安静。

3. 个人卫生

老年人生活不能自理，非常简单的刷牙、漱口、洗脸、洗手、梳头、洗脚、洗澡等都需要别人的帮助，这也是养老护理员每天要做的工作。做好老年人个人卫生护理，让老年人保持清洁，不仅可以改善老年人的心情，让老年人精神焕发，还有利于一些病情的控制。例如，及时更衣沐浴，保持皮肤清洁，可减少老年人皮肤感染的发生；保持外阴清洁，可减少老年人尿路感染的发生。养老护理员一定要本着认真负责的态度，保质保量并及时地完成老年人个人卫生护理工作。

4. 食品卫生

肠道传染病是病原微生物经口进入人体消化道后，引起的腹痛、腹泻为主的疾病。细菌、病毒和寄生虫是导致肠道传染病的主要病原体，主要存在于病人的粪便和呕吐物，以及被排泄物污染的食物、水、餐具和其他物品中。苍蝇、蟑螂等昆虫也是传播肠道传染病的帮凶。老年人对疾病的抵抗力较差，不注意饮食卫生，特别容易感染此类疾病。为了预防老年人发生肠道传染病，养老护理员一定要严肃认真，严把"入口"关，并监督老年人勤洗手、不喝生水、少吃冷饮、不暴饮暴食、不吃剩饭、生熟分开、不吃无证食品等。

三、机构内感染

机构内感染的常见病原有细菌、真菌、病毒、衣原体和支原体，常表现为泌尿系统感染、外科伤口感染、下呼吸道感染、败血症、消化系统感染、皮肤感染、中枢神经系统感染等。通常通过做病原体检查培养及药敏试验作为感染诊断，以下情况的感染可以被判断为机构内感染：①无明显潜伏期的感染，规定入住 48 小时后发生的感染为机构内感染，有明确潜伏期的感染，自入住机构起超过平均潜伏期后发生的感染为机构内感染；②本次感染直接与养老服务机构居住有关；③在原有基础上出现其他部位新的感染（除外脓毒血症迁徙灶），或在原感染已知病原体基础上又分离出新的病原体（排除污染和原来的混合感染）的感染；④由诊疗措施激活的潜在性感染，如疱疹病毒、结核杆菌等的感染；⑤医务人员在医院工作期间获得的感染。

对于机构内感染的老年人应当及时通知医护人员或送医院就诊，对机构内的消毒应该参照医院内感染的要求进行。应根据不同的病原体进行相应的治疗，最好根据药物敏感试验结果选择有效的药物，从而消灭机构内感染源。具体治疗原则为：①怀疑病毒性疾病或病毒性疾病不使用抗生素；②发热待查者不使用抗生素，以免影响病原体的检出或影响临床表现而延误诊断；③使用抗生素必须有严格的指征，联合用药应能达到协同或相加的治疗效果，以及减少药量、减少毒性、防止或延缓耐药菌株产生等目的，但不可无根据地随意联合用药，避免产生拮抗作用，并加重副作用及导致耐药菌株的生长；④严格控制抗生素的预防感染，禁止无针对性地以广谱抗生素作为预防感染的手段；⑤外科手术预防用药，主要用于手术感染率高或若发生感染后对预后有严重影响的手术，一般在术前 2 小时左右给药，若手术时间长，可在手术中重新给药一次。

为减少机构内感染的发生，各养老服务机构应当建立预防和管理机构内感染的专门机构，制定预防方案和措施，监督方案的实施，并对机构内各级人员进行预防机构内感染的培训。养老服务机构应对机构内感染进行监测，一旦发生，应研究原因，制定对策。此外，养老服务机构内应建立严格的消毒隔离制度，包括合理的建筑设置、老年人个体的清洁和老年人房间的终末消毒、老年传染病患者的床旁隔离、污染物品及患者排泄物的消毒处理、接触患者人员

（包括医生、护士、卫生员和探视者）的处理等。对献血者必须进行严格的筛选。防止滥用抗生素，以防耐药菌的产生。

床旁隔离属于隔离的一种，是指为避免因特殊感染或感染多重耐药菌的老年人感染他人而实行的隔离措施。床旁隔离的工作要求是：①床位安置在整个房间的一角，床间距离>1.5 m，如<1.5 m 应用屏风隔开；②床头处贴挂隔离标识；③已感染的老年人及其家属避免与其他老年人接触；④应将感染同一种耐药菌的老年人安排在同一居室内；⑤床旁有消毒设施和专用医疗器械，医护人员及养老护理员接触老年人后，必须消毒双手；⑥实施床旁隔离时，应先照料护理其他老年人，最后照料护理耐药菌感染的老年人；⑦老年人离开机构后，房间应通风换气，并进行终末消毒。在此期间每天还应注意对使用的物品按要求进行消毒，叮嘱探视家属在探望老年人前后洗手。养老护理员应尊重被隔离的老年人。

终末消毒适用于对养老服务机构或医疗机构中出院、转科或死亡后的老年人所住的病室、用物、医疗器械的处理，指传染源（患者或隐性感染者）离开有关场所后进行的彻底消毒处理，确保场所不再有病原体的存在。居室的终末消毒应根据消毒类别有针对性地采用具体的消毒方法：①采用熏蒸、紫外线灯照射的方法消毒居室空气；②用消毒剂喷洒或擦拭地面及家具；③日光暴晒枕芯被褥6小时以上；④将医用工具（金属、橡胶、搪瓷、玻璃等）进行擦拭、消毒剂浸泡、煮沸或高压灭菌；⑤使用浓度为75%的酒精浸泡、擦拭体温计和听诊器；⑥使用含氯的消毒液浸泡日常用物，如餐具、水杯、便器等；⑦集中焚烧垃圾。终末消毒过程中应注意做好个人防护：穿工作服，戴好口罩、手套，必要时应穿隔离衣；根据消毒剂的说明，按要求配比和使用；房间内的所用物品必须经过终末消毒后方可进行清洁、处理。

四、临终护理

临终护理为临终关怀的一部分，临终关怀是近代医学领域中新兴的一门边缘性交叉学科，是社会的需求和人类文明发展的标志。临终护理并非是一种治愈疗法，而是指对生存时间有限（6个月或更少）的临终老年人进行适当的（在医院或家庭中）医疗及护理，以减轻其疾病的症状、延缓疾病发展的护理方法。临终护理的核心是"关心",其目的是尽最大努力、最大限度地减轻临终老年人的痛苦,缓和其面对死亡的恐惧与不安,维护其尊严并提高其尚存的生命质量,使临终老年人在亲切、温馨的环境中离开世界。临终护理不追求猛烈的、可能给病人增添痛苦的或无意义的治疗,但要求养老护理员以熟练的业务和良好的服务来控制病人的症状。

临终护理可采用肢体语言为临终老年人提供慰藉支持,通过头、眼、颈、手、肘、臂、身、胯、足等人体部位的协调活动,采用仪表、面部表情、目光接触、姿态、手势、触摸等沟通方式,运用肢体语言给予老年人精神慰藉。各种肢体语言可以同时使用,如与老年人交流时,可以一边采用目光接触,一边用双手握住老年人的双手,使老年人感到温暖。

临终护理还应为临终老年人及家属提供精神安慰支持。应采用聆听、陪伴、关怀的方法安慰临终老年人;对待其家属,应当鼓励家属表达情感,指导家属对老年人的生活照料,营造良好的家庭生活氛围,满足家属各项合理需求,为临终老年人及其家属提供精神安慰支持。老年人临终期间,养老护理员要富有爱心,尊重、理解老年人和家属的言行,注意保护老年人和家属的隐私,保持自身良好的心态和稳定的情绪。

学习单元 4　医疗保健

了解老年人日常保健与护理的内容
掌握老年人常见疾病的诊断、治疗和护理方法
掌握老年人突发疾病的救治与意外事件的处理方法
能够为老年人提供康复护理

一、老年人日常保健与护理

用药照料是一项复杂且涉及多方面领域的严肃工作,要求养老护理员了解

老年人的身体特点和用药的基本知识，掌握协助老年人服药的方法和技能，具有观察用药后反应和正确保管药物的能力，保证老年人正确服药并达到最佳效果。

口服用药指需要经口腔途径吞服或舌下含服的药物。口服用药是最常见的比较安全、方便和经济的用药方法。常用口服药剂型有溶液、片剂、丸剂、胶囊剂、合剂、散剂等，另外也备有注射用针剂、外用药洗剂、贴剂等。各剂型口服药服用方法不同：口含片多用于口腔及咽喉疾病，应在口腔内含化，不可咀嚼、吞咽，含服中及含服后短时间内不可饮用液体，以延长疗效；舌下片通过舌下黏膜或舌下腺直接吸收，可起全身作用（如硝酸甘油），服用时放于舌下，闭嘴以利用唾液使药片溶解吸收；口服片剂自口腔服下，经胃肠道吸收作用于全身，或滞留于胃肠道内作用于胃肠局部，一般采用温水吞服；口服胶囊是将药物填装于空心硬质胶囊中或密封于弹性软质胶囊中制成的药剂，以掩盖药物不良味道并提高药物稳定性，服用时应整粒吞服，不可破坏胶囊；口服溶剂多见于糖浆类药物，用药后，药物在病变咽喉部黏膜表面形成保护膜，不宜使用温开水送服。

用药护理应遵循按医嘱用药、认真核对、及时用药、做到五准确（给药途径、剂量、浓度、时间、服药人的准确）的要求，并对老年人用药后的情况进行观察和记录。遇到非自理老年人口服用药困难的情况，养老护理员应当观察和交流，区分用药困难原因并评估药物因素及老年人的疾病、年龄、体位与配合态度，采用相应的措施，于固定地点统一保管药品，由专人摆药，按时发送给老年人，督促或协助老年人服下。用药前，养老护理员应解决老年人的特殊需求（如厕等），准备好温度适宜的白开水作为服药用水，做好服药前准备，协助老年人采取正确的用药姿势，对于非自理老年人，经医生许可，可将药物研碎、掰开或通过鼻饲管给药。

二、老年人常见疾病的诊断、治疗和护理

老年人是一个特殊而复杂的人群，随着年龄的增长，具有生理机能减退、身体储备能力下降、多种慢性疾病并存、多种药物同时使用的特点。了解老年人常见疾病的护理方法，可以帮助养老护理员用科学的护理方式对老年人进行

全方位的护理。

1. 高血压

(1) 发病原因。高血压有原发性高血压和继发性高血压之分。原发性高血压的病因不明确,与运动少、饮食不合理、肥胖、高龄、遗传因素有关。继发性高血压是由一些原发性疾病引起的,如肾脏疾病、内分泌疾病等。长期高血压是多种心血管疾病的重要危险因素,是心血管疾病致死的主要原因之一。

(2) 临床表现

1) 一般表现。起病缓慢,早期可无症状,或有头痛、眩晕、气急、乏力、耳鸣、心悸等症状,症状与血压不一定成正比。

2) 动脉收缩压≥140 mmHg,舒张压≥90 mmHg。

3) 并发症。血压持久偏高可造成心、脑、肾等器官损害。

4) 高血压危象。血压突然升高,在 200/120 mmHg 以上,病程急剧恶化并在短时间内发生不可逆性生命器官损害,如抢救不力可导致死亡。

(3) 护理要点

1) 及时服用药物。严格遵照医嘱,及时帮助老年患者服药。

2) 减轻心理压力。了解老年患者的性格特征和精神紧张的心理因素,根据老年患者情绪变化给予安抚与指导,避免导致老年患者精神紧张的因素,减轻老年患者的心理压力。

3) 合理调节饮食。注意饮食控制与调节,减少钠盐、动物脂肪的摄入,戒烟限酒。

4) 保证大便通畅。帮助老年患者养成定时排便习惯,增加富含纤维素食品的摄入,保证大便通畅。

5) 保持室温恒定。冬季注意保暖,夏季注意降温,避免老年患者洗头、洗澡时着凉。

6) 密切观察血压。在固定条件下测量血压,测量前要求老年患者静坐或静卧 30 分钟,发现老年患者头痛加重伴有呕吐或收缩压高于 180 mmHg 时,立即向医护人员报告。

2. 冠状动脉粥样硬化性心脏病

(1) 发病原因。冠状动脉粥样硬化性心脏病简称"冠心病",是老年患者最常见的心脏病,是因冠状动脉狭窄,导致心肌供血不足而引起的心肌机能障碍和（或）器质性病变，又称为缺血性心脏病。

（2）临床表现。根据冠状动脉病变的部位、范围、程度不同，临床特点也不同，一般分为以下几种类型。

1）隐匿性心肌缺血型。该类型冠心病有广泛冠状动脉阻塞，却没有心绞痛表现。部分病人发生了心脏性猝死或体检时发现心肌梗死。这类病人发生心脏性猝死和心肌梗死的概率和有心绞痛发作的病人相同。

2）心绞痛型。该类型冠心病表现为胸骨后压榨样闷痛，伴焦虑和活动受限，持续3~5分钟，常向左侧臂部、肩部、下颌、咽喉部、背部放射，休息和含化"硝酸甘油"可缓解。

3）心肌梗死型。该类型冠心病发病时胸痛的性质和部位同心绞痛，但是更剧烈，持续时间更长，达30分钟以上或数小时，休息和含化"硝酸甘油"不能缓解，伴烦躁、多汗、恶心、呕吐、心悸、头晕、乏力、呼吸困难、濒死感。

（3）护理要点

1）常备药物。老年患者身上应常备缓解心绞痛的药物，如"硝酸甘油""速效救心丸"等，以便随时服用。若老年患者服药后心前区疼痛不能很快缓解，应立即向医护人员报告。

2）注意保暖。注意帮助老年患者保暖，保持室温，避免寒冷导致其体表毛细血管收缩、痉挛，血流速度减慢，血液黏滞度增高，冠状动脉痉挛，诱发心绞痛或急性心肌梗死。

3）节制饭量。注意叮嘱老年患者节制饭量，控制体重，减少胆固醇的摄入量，切忌多饮多食，尤其注意晚饭不宜吃得过饱，避免增加心脏负担，使血脂、血黏度突然增高而诱发心绞痛或急性心肌梗死。

4）限制食盐。限制老年患者盐的摄入量，以每日6 g以下为宜。

5）生活规律。叮嘱老年患者养成良好的生活习惯，饮食、睡眠、运动都要有规律，避免精神过度紧张。

3. 糖尿病

（1）发病原因。糖尿病是由遗传因素、免疫功能紊乱、微生物感染及自由基毒素、精神因素等原因作用于机体，导致胰岛功能减退、胰岛素抵抗而引发的糖、蛋白质、脂肪、水和电解质等一系列代谢紊乱的综合征。

（2）临床表现。临床上以血糖增高为主要特点，表现为多饮、多食、多尿、消瘦乏力，即"三多一少"症状。

（3）护理要点

1）饮食护理

①严格控制主食量。一日三餐，主食以300~400 g为宜，肥胖者还可以再少些。每天分5~6次进食，不要吃糖和甜食，不要摄入过多脂肪，副食可适当增加瘦肉、鱼、蛋、豆制品和绿色蔬菜。

②增加膳食纤维量。富含纤维素的食品有粗杂粮、蔬菜和豆类等，建议糖尿病老年人多食用一些这样的食品。

③少吃多餐定食量。可以将糖尿病老年患者每天的食物分成4~5次食用，以每次半饱、不感觉饥饿为宜，这样有利于血糖的控制，避免一次吃得过饱使血糖突然升高，导致高血糖，同时也要避免间隔时间过长，导致低血糖的发生。

④减少盐的摄入量。过多摄入盐可加速淀粉在体内的消化，促进葡萄糖的吸收而引起血糖浓度升高。因此，要帮助糖尿病老年患者控制盐的摄入量。

⑤增加饮水量。糖尿病患者血液浓缩，血液黏稠度增加，容易发生心脑血管疾病，所以糖尿病老年患者不要等到口渴了才喝水，应随时主动多喝水。

2）皮肤护理

①糖尿病老年患者容易发生皮肤感染、尿路感染、足部溃疡和坏疽，因此要特别注意老年患者的皮肤卫生。

②为老年患者测血糖时要严格消毒，避免造成感染。

③每天帮助老年患者清洗外阴，保持局部清洁。

④每日检查老年患者足部皮肤颜色，有无水泡、破损，发现异常及时处理。

⑤用温水为老年患者洗脚，切忌水温过高，以免烫伤。擦干足部后帮助老年患者做按摩，以促进血液循环。

⑥定期帮助老年患者修剪指（趾）甲，切忌修剪得太短。

⑦保持老年患者鞋袜清洁、大小合适、宽松柔软，切勿穿硬底鞋及凉鞋。

3）运动护理。运动可以消耗葡萄糖，使血糖降低；可以改善异常的高脂血症，降低甘油三酯和胆固醇；能促进血液循环，改善血液的高凝状态，减少血栓的形成。如果老年患者身体状况允许，养老护理员要在医生的指导下帮助老年患者进行适当运动。

4. 慢性支气管炎

（1）发病原因。慢性支气管炎是由感染或非感染因素引起的气管、支气管黏膜及其周围组织性炎症。发病因素有吸烟、细菌病毒感染、粉尘和大气污染的慢性刺激、寒冷、过敏等。

（2）临床表现

1）平时以慢性咳嗽、咳痰为主，晨起较为显著，痰呈白色黏液泡沫状，黏稠不易咳出。

2）急性发作时咳嗽症状加剧，痰量增多，黏稠度增加或为黄色脓性，偶尔痰中带血。

3）反复发作时支气管黏膜的迷走神经感受器反应性增高，副交感神经亢进，可因为过敏而发生喘息。喘息型支气管炎患者在症状加剧或继发感染时，有哮喘样发作，表现为呼吸困难、憋气、不能平卧。

4）合并肺气肿时随着肺气肿程度增加，患者会出现心慌气短，活动时明显、逐渐加重，甚至出现肺心病。

（3）护理要点

1）空气新鲜。老年患者居室要经常开窗通气。

2）注意保暖。为老年患者进行清洁护理时注意保暖，冬季要有取暖设备，避免老年人着凉。

3）补充营养。为老年患者提供高蛋白、高热量、高维生素、易消化的食物，注意食物色、香、味，以保证营养供给，增强老年患者抵抗力。

4）翻身叩背。对生活不能自理的老年患者要注意帮助其翻身叩背，并鼓励老年患者多喝水，以稀释痰液，利于排出。

5）预防发作。在老年患者身体条件允许的情况下，帮助老年患者适当运动，或者用冷水擦洗其面部和鼻部，以提高其耐寒能力，预防和减少本病的发作，同时应避免尘埃和烟雾对老年患者呼吸道的刺激，帮助老年患者戒除吸烟嗜好。

5. 上消化道出血

（1）临床表现

1）呕血或者咖啡样物。呕血呈现红色或血块提示出血量大且速度快，如若呕血呈咖啡样则表明血液在胃内停留时间较长，经胃酸作用形成正铁血红素所致。

2）黑便。出血部位在幽门以上者常伴有呕血和黑便，出血部位在幽门以下者可仅表现为黑便；血液在肠内推进快，粪便可呈暗红色甚至鲜红色；血量不大，粪便在肠内停留时间较长，粪便呈黑色。黑便呈柏油样，黏稠而发亮，是因血红蛋白中的铁与肠内硫化物作用形成硫化铁所致。

3）头晕无力。出血量400 mL以内可无症状；中度出血可引起贫血或进行性贫血，出现头晕无力、口渴、四肢冷、血压偏低等症状，突然站立时发生晕厥；大量出血为1 500～2 500 mL时，可发生休克。

4）发热。中度或大量出血时，于24小时内发热，多在38℃以下，可持续数日至1周。

（2）护理要点

1）安静卧床。帮助老年患者采取平卧位，将其下肢抬高，头部取侧位，以免呕吐物呛入气管造成窒息。

2）保暖。防止老年患者着凉或过热，一般不要用热水袋保温，因为过热可使周围血管扩张，造成血压下降。

3）镇静。给予患者精神安慰，消除其恐惧心理。

4）禁食。老年患者在呕血、恶心、呕吐和休克的情况下应禁食，待其症状缓解后先给予其流质饮食，以后再改变饮食种类，增加进食量。

5）观察。观察老年患者精神、神志、呼吸、脉搏、体温、血压和尿量，呕血及便血的色、质和量等，及时报告医生和护士。

6. 帕金森病

（1）临床表现

1）起病。起病缓慢，呈进行性加重。

2）面容。患者面容淡漠、呆板，呈假面具样。

3）姿势与步态。患者头部及躯干前倾，肘关节、膝关节微屈；步距缩小，行走初始缓慢，越走越快，呈慌张步态；两上肢不做前后摆动。

4）震颤。震颤多见于头部和四肢，以手部最明显，手指表现为粗大的节律性震颤搓丸样运动。震颤早期常在静止时出现，在随意运动和睡眠中消失，情绪激动时加重，晚期震颤呈持续性。

5）肌肉僵硬。患者的伸肌、屈肌张力均增高，被动运动呈齿轮样强直或铅管样强直。

6）运动障碍。运动障碍与肌肉僵硬有关，如发音肌僵硬引起发音困难，手指肌僵硬造成生活不能自理，洗漱、进食都困难。运动障碍依次表现为运动不灵、运动不能僵直，最后发展为长期卧床，生活不能自理。

7）其他。患者容易激动，偶有阵发性冲动行为；汗腺、唾液腺、皮脂腺分泌增多，表现为多汗、垂涎、油脂脸；有些患者还会出现大小便困难、直立性低血压、抑郁、痴呆等。

（2）护理要点

1）控制脂肪的摄入。患有帕金森病的老年人，同时合并植物神经紊乱、消化功能减退、胃肠蠕动乏力，容易出现便秘及皮肤油脂分泌过多。应控制脂肪的摄入，叮嘱其多饮水，多食富含纤维素的食物，如新鲜蔬菜、水果等。还应叮嘱老年患者多食含酪氨酸的食物，如瓜子、杏仁、芝麻、脱脂牛奶，以促进脑内多巴胺的合成。

2）控制蛋白质的摄入。盲目地给予老年患者过多高蛋白质的饮食，可降低治疗帕金森药物——左旋多巴的疗效。因为蛋白质在消化过程中会产生大量的中性氨基酸，可与左旋多巴竞争入脑而影响其疗效。因此在膳食中应适当给予蛋、奶、鱼、肉等食品，能保证机体需要的蛋白质即可。

3）防止食物误吸入气管。对咀嚼、吞咽功能有障碍的老年患者，进食时以坐位为宜，应选择软烂、易咀嚼、易吞咽的食物，一次进食要少，并缓慢进食，进餐后喝水，帮助其将残存在口腔的食物咽下，以防止食物误吸入气管。

4）预防肺部感染。患有帕金森病的老年人因为肌肉僵硬，导致呼吸动度降低，咳嗽无力，排痰减少，很容易患有支气管炎或肺炎，因此，平时要注意为老年患者翻身拍背，发现其咳嗽或发烧时，要马上报告医生并及时处理，避免发生严重感染。

7. 阿尔茨海默病（老年性痴呆）

（1）临床表现。该病起病隐匿，呈进行性加重，无缓解。由发病至死亡，平均病程8~10年，有些认知功能减退患者可持续15年以上。

1）轻度时期。该病以近期记忆障碍为首发和最明显症状。该时期患者个人生活尚能自理，仅出现人格改变，如缺乏主动性、活动减少、对周围事物兴趣减少、对周围人冷淡、对亲人漠不关心、情绪不稳、易激惹、对新环境难以适应等。

2）中度时期。该时期患者不能独立生活，表现为日益严重的记忆障碍，如尚能记住自己的名字但忘记自己的家庭住址及亲友的姓名，常因记忆力减退而出现错构和虚构，无法做出连续的动作，难以完成家务劳动；情绪波动不稳定，怀疑被窃，怀疑配偶不贞；出现幻听、幻视、幻觉；发生睡眠障碍，白天嗜睡，夜间不宁；表现为本能活动亢进，如当众裸体，有时出现攻击行为等。

3）重度时期。该时期的患者记忆力、思维及认知功能受损，如忘记自己的姓名和年龄，不认识人，语言表达能力进一步退化，只有自发言语且内容单调，或反复发出不可理解的声音，最终丧失语言功能；活动逐渐减少，逐渐丧失行走能力，甚至不能站立，最终只能终日卧床，大、小便失禁。晚期患者可有原始反射，表现为肌张力增高，肢体屈曲，最终发展为严重痴呆，常因压疮、骨折、肺炎、营养不良等继发性疾病而死亡。

（2）护理要点

1）服药护理

①传统的补肾中药具有抗衰老及抗氧化作用，对于早老性痴呆、神经衰弱及健忘均有疗效；叶酸和维生素B_2，有助于阻止和延缓病情恶化；乙酰胆碱酯酶抑制剂，具有改善脑液循环和脑细胞代谢的作用，对治疗老年性痴呆有一定的疗效，但是要在医生指导下使用。

②老年患者服药时养老护理员必须陪伴在侧，帮助其将药全部服下，以免其遗忘或错服。

③对伴有抑郁症、幻觉和自杀倾向的老年患者，养老护理员一定要把药品管理好，放到老年患者拿不到或找不到的地方。

④老年患者服药后常不能诉说其不适，养老护理员要细心观察老年人有何不良反应，及时报告医生，以调整治疗方案。

2）生活护理

①叮嘱老年患者起居要有规律，不能变化无常，一般要早睡早起。

②饮食强调"三定、三高、三低和两戒"，即定时、定量、定质，高蛋

白、高不饱和脂肪酸、高维生素、低脂肪、低热量、低盐和戒烟、戒酒。

③对于入睡困难的老年患者，可在医生指导下帮助其口服镇静药物。

④叮嘱老年患者多食富含卵磷脂的食物，以促进神经细胞代谢修复，如豆制品、蛋黄、蘑菇和鱼等。

⑤叮嘱老年患者多食富含亚油酸的食品，以促进对神经细胞的保护，如各类坚果（花生、核桃、芝麻、松子、榛子、葵花子等）。

⑥帮助老年患者定时排便，保持大便通畅。

3）精神护理

①对老年患者要尊重，减少不良刺激，定时安排听音乐、读书看报等适当的益智活动，以稳定其情绪。

②鼓励轻度老年患者多参加社会活动和运动，通过动手、动脑和力所能及的体力劳动延缓病情恶化。

三、老年人突发疾病的救治与意外事件的处理

老年人常见的意外救助有心跳呼吸骤停的基本救助、噎食的基本救助等。当老年人因意外受到伤害，存在生命危险时，在专业医务人员未到达现场前，养老护理员应尽快地利用当时、当地的人力、物力为老年人提供基本救助，老年人是否能够得救，除了老年人自身的原因，第一个到达现场的养老护理员起着非常重要的作用，但是，养老护理员必须明确基本救助的目的，掌握正确的操作方法。

1. 心跳呼吸骤停的基本救助方法

老年人最严重的意外是心跳呼吸骤停，发生的原因有很多，其中冠状动脉粥样硬化性心脏病的发生率占80%以上。心跳呼吸骤停的基本救助方法如下。

（1）检查老年人的反应

1）轻拍重喊。发现老年人倒地，养老护理员应跪在老年人身侧，轻拍老年人双肩，同时伏在老年人耳边大声呼唤，以判断老年人是否有意识。

2）转为平卧位。如果老年人处于俯卧位，将老年人转为平卧位，即复苏体位。移动老年人时，要保持其头、颈、脊柱整体移动。

3）松开领口、腰带。把老年人的领口、领带、腰带松开。

（2）打开气道

1）使用压额提颏法。

2）注意压住老年人舌头，防止舌头后坠堵塞呼吸道。

3）注意清除老年人口腔异物，防止异物堵塞呼吸道。

（3）人工呼吸

1）利用10秒钟，采取一听、二视、三感觉的方法检查老年人是否有呼吸。

2）如果老年人没有呼吸，立即为其进行人工呼吸。

3）先缓慢吹气两次看呼吸道是否通畅。吹气时，养老护理员的口要包住老年人的口，养老护理员的手要捏住老年人的鼻孔，如看到胸部有起伏，说明老年人呼吸道通畅。

（4）胸外心脏按压

1）若吹气两次后见老年人仍无心跳呼吸，应立即进行胸外心脏按压。

2）如老年人有外伤出血存在，应同时请人帮忙止血。

3）胸外心脏按压的位置为胸骨前双乳头连线中点1/2处，或胸骨前剑突上2 cm处。

2. 噎食的基本救助方法

老年人进食时发生噎食，可造成严重呼吸困难或窒息，表现为突然呛咳、不能发音、呼吸急促、喘鸣、皮肤发绀，严重者可迅速出现意识丧失、心跳呼吸骤停。

（1）噎食救助的注意事项

1）不叩击背部。发生噎食后，为了防止异物进一步堵塞呼吸道，养老护理员不要叩击老年人的背部，应立即采用"海姆立克急救法"，进行现场紧急救助。

2）及时拨打"120"。进行现场紧急救助的同时，应向周围医务人员或"120"求助。

（2）海姆立克急救法

1）噎食者站着或坐着且意识存在时的急救方法

①抢救者站在病人背后，用两手臂环绕老年人的腰部。

②一手握拳，将拳头拇指一侧放在老年人胸廓下、肚脐上的腹部。

③用另一手抓住拳头,向内上方,快速、反复、有节奏、有力、冲击性地压迫老年人腹部,使形成的气流把异物冲出。

④重复以上手法直到异物排出。操作时让老年人头部略低,嘴巴张开,以利于堵塞物吐出。

2) 噎食者躺倒在地且意识丧失时的急救方法

①让老年人仰面平卧,两腿左右分开。

②养老护理员面对老年人,迅速骑跨在老年人的髋部,双膝跪在地上。

③养老护理员两手掌重叠,十指相扣,把手掌根置于老年人剑突下、肚脐上的腹部,用身体的重量,向内上方快速、反复、有节奏、有力、冲击性地压迫老年人的腹部,直至堵塞物排出。

④如看到阻塞物进入口腔,应迅速用食指抠出。

四、为老年人提供康复护理

康复护理是养老护理的重要组成部分,是养老护理员与其他康复专业人员共同协作,对残障人士、慢性病且伴有功能障碍者进行的符合康复医学要求的专门护理和各种专门的功能训练,以预防残疾的发生、发展及继发性残疾,减轻残疾的影响,使患者达到最大限度的康复并重返社会。本章中康复护理的目的主要是使养老护理员能掌握基础的康复医学知识,使之在工作过程中能够指导、协助老年人进行针对性的康复训练,主要叙述老年人的康乐活动和老年人活动保护两个方面的内容。要求养老护理员能够带领老年人开展手工、文体娱乐活动,教会老年人正确使用拐杖,并能使用轮椅、平车等器具转运、搬移老年人。

1. 教老年人使用拐杖

步骤 1　工作准备

1) 环境准备。环境应宽敞,地面应平坦、无积水。

2) 养老护理员准备。养老护理员着装应整洁,全面了解老年人身高、体重、年龄、疾病诊断、病情及进展情况。与家属充分沟通,了解老年人已往的拐杖使用情况、活动能力、活动时间等。养老护理员还应掌握拐杖的操作方法。

3）老年人准备。老年人应有行走的意愿，身体状况允许，着装合体，鞋子防滑。

4）物品准备。拐杖完好，适合老年人使用。

步骤2　检查拐杖

在使用拐杖前，养老护理员应先教会老年人检查拐杖是否完好，内容包括：把手有无松动，拐杖与地面接触的橡胶垫是否完好，调节高度的按钮是否锁紧等。

步骤3　保护行走

1）养老护理员指导老年人使用拐杖时，应叮嘱老年人握住把手，拐杖放在脚的前外侧，目视前方，保持身体直立行走。

2）养老护理员在看护老年人行走时，应与其保持适当的距离，在必要时给予帮助。

3）老年人无偏瘫时，养老护理员应站在道路侧陪同行走；老年人偏瘫时，养老护理员应站在偏瘫肢体侧陪同行走。行走时，养老护理员可以拉住老年人的腰带或特制的保护腰带，防止老年人跌倒。

4）在行走过程中，养老护理员要观察有无妨碍行走的障碍物，及时清理。观察老年人有无出汗、呼吸急促、心慌等异常情况，询问老年人的感受，如果老年人感到疲劳，应立刻休息。

步骤4　反馈

行走结束后，养老护理员可向老年人了解使用拐杖行走的感受及使用中存在的问题，以便解决问题、给予指导。

2. 使用轮椅转移老年人

步骤1　工作准备

1）环境准备。环境应整洁宽敞、无障碍物。

2）养老护理员准备。养老护理员着装应整洁，了解老年人的身体状况和轮椅使用的情况、老年人的活动能力、活动时间及注意事项等，掌握轮椅的操作原理。

3）老年人准备。老年人身体状况允许，愿意配合，着装合体、鞋子防滑。

4）物品准备。选择适合老年人的轮椅。保证轮椅的轮胎气压充足、刹车制动良好，轮椅完好备用，必要时备毛毯。

步骤2　固定轮椅

养老护理员打开轮椅，固定轮椅刹车。

步骤3　坐入轮椅

1）养老护理员向老年人解释即将开始的转移过程，取得老年人的配合。

2）搀扶或抱起老年人坐在轮椅上，叮嘱其双手扶稳扶手，为老年人系好安全带，将其双脚放于脚踏板上，松开刹车平稳行进。

步骤4　转移

遇到障碍物或拐弯时，养老护理员要态度和蔼地提示老年人。下坡时采用倒车推行法，上台阶、电梯时要先翘起前轮，再抬起后轮。在轮椅转运过程中，如观察到老年人身体不适，应就近休息，通知医护人员。

步骤5　反馈

转运结束后，养老护理员可询问老年人坐轮椅的感受，有无不适，以便改进操作方法。

第 3 章

养老服务机构的行政管理

第 1 节　养老服务机构的公文管理

了解公文处理的原则和常用公文的种类
掌握公文处理的基本流程
掌握公文管理中的注意事项

一、公文处理的原则

公文处理应当遵循实事求是、及时迅速、准确规范的原则。

二、常用公文的种类

公文可分为法定公文和常用应用公文两大类。法定公文的范围是《党政机关公文处理工作条例》（2012 年 4 月 16 日由中共中央办公厅和国务院办公厅联合印发，2012 年 7 月 1 日起施行）中所规定的 15 种正式文种，包括：决议、决定、命令、公报、公告、通告、意见、通知、通报、报告、请示、批复、议案、函、纪要。常用应用公文，是指除法定公文之外的其他经常使用的公文。

三、公文处理的基本流程

公文处理程序指机关公文的传递、签收、登记、分办、拟办、承办、催办、办结、立卷、归档和销毁。公文处理必须做到准确、及时、安全，各个环节应力求当日事当日毕，一般应在15天内办理完毕，并答复报文单位，因问题复杂，15天内难以办结的，应向报文单位说明情况。紧急文件随到随办。有时限要求的文件，必须在时限内办完。收文处理的一般过程包含公文的收受与分流、办理收文、组织传阅与催办查办、处置办毕公文四个阶段。

四、公文管理中的注意事项

养老服务机构在对外或对内行文时，首先应确定行文名义及签发权限，以避免文书传达错误。文书行文时，应注意以下几方面的问题。

1. 属于政策性或影响机构重大权益的行文，应由机构院长签发。

2. 对政府机关、业务主管机构等一般性公文应由相关部门起草交由院长，以机构名义行文，由机构院长签发。

3. 以养老服务机构名义对外与独立法人团体、企业行文进行联系或发传真时，需要由机构院长签发。

4. 机构内机要文件及绝密文件等由院长派专人管理，与外界经常来往及内部一般文书由行政部门管理。

5. 文书处理必须遵守一定的文书处理期限，根据不同类型的文书要求的期限进行处理，并且进行及时的催办，以免延误事情的处理和解决。

6. 文书结案后，原件由文书管理部门专人按养老服务机构自行编制的《档案管理制度》负责归档，经办部门视情况可存留复印版本。另外，归档分类目录及编号、保管原则，应依据相关制度执行。

第2节　养老服务机构的会议管理

了解会议管理的原则及组织流程
能够进行会议安排和组织

一、会议管理的原则

进行项目会议管理时应该遵循以下原则。

1. 制定会议管理的政策。
2. 会议应在真正需要的时候召开，还应解决一定的实际问题。
3. 确定会议的目的，不召开无意义、无目的的"糊涂会"。
4. 明确参加会议的人员，与会议议题无关的人员无须参加会议。
5. 制定会议议程。
6. 准备会议材料。
7. 严格遵守会议的开始时间。
8. 按议程进行，提高会议效率。
9. 鼓励与会者积极参与，发扬民主，集思广益。
10. 掌握和控制会议，引导会议发言朝着结论进行，避免会议跑题。
11. 会议不要超时，避免冗长，在必须延长会议时间时，应征得大家的同意。
12. 会议结束时进行总结，编写会议记录（或会议纪要）。
13. 及时分发会议记录与会议成果。

二、会议的分类

1. 养老服务机构会议

养老服务机构会议主要包括：养老服务机构干部会、养老服务机构区域会、养老服务机构党员大会、养老服务机构质控会、养老服务机构职工大会、养老服务机构技术人员会以及各种代表大会。会议应分别报请院长或负责人批准后，由行政后勤、医护等办事部门分别负责组织召开。

2. 专业会议

专业会议是指养老服务机构的技术综合会（如临床经验分析会、质量控制会等），由分管领导批准，主管科室负责组织。

3. 系统和部门工作会

各养老区域、科室、部门的工作会（如行政后勤沟通会等）由各科室、分管领导决定召开并负责组织。

上级或外单位在养老服务机构召开的会议（如现场会、报告会、办公会等）或养老服务机构业务会议（如商业洽谈会等）一律由院办受理安排，有关业务对口科室协作做好会务工作。

三、会议的安排

1. 例会的安排

为避免会议过多或重复，养老服务机构正常性会议一律纳入例会制，原则上要按例行规定的时间、地点、内容组织召开。

（1）院长办公会：研究、部署机构行政工作，讨论决定养老服务机构的重大问题等。

（2）副院长办公会：总结评价机构当月行政工作情况，安排布置下个月工作任务等。

（3）班组长以上干部大会（或养老服务机构全体职工大会）：总结机构上季度（半年、全年）工作情况，部署工作任务，表彰奖励先进集体、个人等。

（4）质量分析会：汇报、总结机构服务质量情况，讨论分析服务质量问题，研讨质量持续改进措施等。

（5）服务工作分析会：汇报、分析养老服务机构服务情况和经营活动成果，评价各方面工作情况，肯定成绩，寻找问题，提出改进措施，提高养老服务机构服务质量和经济效益等。

（6）安全工作会（含治安、消防工作）：汇报、总结机构上季度安全、治安、消防工作情况,分析处理事故,检查分析事故隐患,研究确定安全防范措施等。

(7) 技术工作会:汇报、总结机构养老服务技术应用情况,研究有关新技术的措施方案等。

(8) 部门办公会:各部门例行检查、总结、布置工作等。

(9) 分部、中心、班组会:各部门例行检查、总结、布置工作等。

2. 其他会议的安排

凡涉及多个部门负责人参加的各种会议,均需于会议召开前由召集单位部门或分管领导批准后报办公室汇总,由办公室统一安排后召开。办公室已列入会议计划的会议,如需改期或因特殊情况需要安排其他会议时,召集单位应提前两天报请调整会议计划,未经办公室同意,任何人不得随意打乱正常的会议计划。对于参加人员相同、内容接近、时间相近的多个会议,办公室有权安排合并召开。各部门会期必须服从全院统一安排,各部门小会不应安排在养老服务机构例会同期召开(与会人员不发生时间冲突的除外),应坚持小会服从大会、局部服从整体的原则。

四、会议的准备和记录

所有会议主持人和召集单位与会人员都应分别做好有关准备工作,包括拟订会议议程、提案,汇报、总结提纲,发言要点,工作计划草案,决议决定草案,落实会场,备好座位、茶具茶水,并及时通知与会人员等。会议召集人员应认真、如实做好会议记录,并及时归档。

第3节　养老服务机构的档案管理

了解档案的分类及管理分级办法
能够进行档案管理

一、档案管理责任制

养老服务机构档案管理应遵循统一管理和归口分类相结合的基本原则,将档案的形成和积累纳入部门工作计划、工作流程以及管理人员岗位职责,通过对档案的收集、整理、鉴定、保管、统计、检索和编研,达到规范档案管理和确保档案完整、安全、便于综合利用的目的。各种不同档案实行分类分级、责任到人管理。办公室负责全院性各类档案资料的收集、整理、利用和归档管理;职能或业务科室分别负责本部门档案资料的收集、整理、利用和归档管理。

二、档案的分类

养老服务机构的档案按照内容不同主要分为以下几类。

1. 报批与注册登记文件

报批文件主要包括养老服务机构设立的项目建议书、可行性报告、设立和变更申请、主管部门的审批文件、养老服务机构的章程等;注册登记文件主要包括加入各类专业技术协会的申请、养老服务机构主要负责人身份证明和住所、经营场所使用证明及营业执照等。

2. 管理性文件

管理性文件包括行政管理、经营管理及技术管理文件。

（1）行政管理文件

1）院长会议记录、纪要、决议。

2）院长办公会、经营分析会等会议纪要、决议。

3）养老服务机构大事记，包括重大庆典、市级以上重要领导或外宾视察和访问、重大新闻发布会、重大交接和签字仪式等。

4）养老服务机构中长期规划、年度工作计划、总结和报告。

5）养老服务机构已成型的各项规章管理制度及宣传画册、管理手册及宣传片（带）等。

6）上级主管机关颁布的与本养老服务机构有关的各项政策性条文及养老服务机构上报上级机关的文件。

7）教育培训计划、总结、报告及员工接受专业技术、文化和思想教育等方面的文件材料等。

（2）经营管理文件

1）财务、会计及其管理方面的文件：各种会计凭证、会计账簿、会计报表、审计报告及借贷款申请报告等。

2）统计文件：物资设备采购、保管及供应中形成的各种重要文件、单据。

3）劳资和人事方面的文件：机构设置、定额、定员、劳动调配、工资福利和劳动保险、员工名册和人数、奖惩、辞退和除名及开除工作中形成的文件、报表和记录及员工个人人事档案。

（3）技术管理文件。技术管理文件包括质量管理、环境保护、检验测量及能源管理文件。

三、档案管理的分级办法

档案管理应在档案内容分类的前提下，进行分级管理，达到责权明确的目的。

1. 报批与注册登记文件

该类文件统一由养老服务机构档案室保管，各部门需要使用时按核决权限申报，经批准后使用并在规定时间内交回。

2. 管理性文件

（1）上级下达养老服务机构（不含直接对各部门）的各类文件，统一由养老服务机构档案室接收、登记后，再按文件类别呈送养老服务机构相关领导，领导批示后存档，所批示的经办部门一律使用复印件。以养老服务机构名义上报上级机关（包括中、外方）的各类文件（最终稿），由主办部门直接上报并在10日内送存。

（2）院长会记录纪要、决议及相关会议材料，会后由会议秘书（记录人）整理，主持人审核成文后每年定期交存档案室。

（3）养老服务机构的各项规章制度、经营政策、规划、年度培训计划，成文后一个月内送存。

（4）养老服务机构员工的人事档案统一由养老服务机构档案室保管，人力资源部派专人协助管理。

（5）养老服务机构所属及所使用的房屋、设备、管道、电器等固定资产的文字文件及图纸，经审核后每年定期交存档案室。

（6）工程项目申报及实施、购买过程中，应由专人负责各类文件、图纸的收集与保管工作，在项目完成投资之后三个月内，由物业部门管理部将档案材料整理立卷，移交养老服务机构档案室存档。

四、档案的密级和确认

养老服务机构的档案按其保密程度和查询范围分为三个密级。

1. 绝密级

绝密级档案是指养老服务机构只有院长、副院长、决策辅助人员等少数人员才能接触的核心机密，如养老服务机构规划计划、发展战略、政策策略、预算决算、个别人员档案等。

2. 机密级

机密级档案是指养老服务机构主要经营管理人员、涉及的部分院长级人员和因岗位工作需要的人员才能接触的档案，如养老服务机构发展决议决定、各类报表、薪资奖金、员工档案等。

3. 普通级

普通级档案是指养老服务机构科级以上主管和涉及的员工因工作需要而需

要接触的档案。

五、档案的储存保管

档案的储存保管期限分为永久、长期和短期三种。

1. 永久保管的档案

永久保管的档案是指记录和反映政治活动、经济建设、科学研究和主要职能活动并需要长远利用的档案，无限期保管。

2. 长期保管的档案

长期保管的档案是指反映较长时间内管理与服务活动中有查考价值的档案，期限为 16~50 年。

3. 短期保管的档案

短期保管的档案是指较短时间内一般管理与服务活动中需要查考利用的档案，期限一般为 15 年。

六、档案的管理和安全

1. 防火、防盗、防损

档案室应配备灭火器材，严禁烟火，不准存放易燃易爆物品，消除引发火灾的可能性。档案管理人员应熟悉火灾发生后的档案抢救方案与措施，离开档案室时必须锁好档案室柜门和房间门窗，随身携带钥匙，防止失窃。搬动或运送档案过程中注意采取保护措施，避免档案丢失、磨损和污染。

2. 防潮、防害

科学控制档案室温度、湿度，保持档案整洁，存放环境应避光、密封、防蛀、防尘、防鼠、防有害气体。

3. 定期检查

应该定期检查档案，注意查看永久保存的档案，发现破损、字迹模糊的档案应及时加以修补和复制。

4. 保密安全

档案管理人员必须遵守保密原则和保密纪律，禁止无关人员随意浏览档案柜或翻阅档案资料，禁止在私人通信、电话、公共场所或与无关人员谈论工作中透露档案内容和档案机密，不携带任何档案外出。

5. 档案安全

珍贵绝密档案必须存入保险柜，借出或归还的档案应仔细清点登记，不得擅自提供或复制保密资料。

七、档案的查阅利用

档案应严格按照不同的密级进行查询和审批。

1. 绝密级

除院长外，其他人员查询绝密档案需经院长（执行副院长）批准。

2. 机密级

经档案主管部门主管和主管副院长批准后方可查询机密档案。

3. 普通级

一般工作人员查询普通档案需经部门主管和档案主管部门主管批准。

八、档案的销毁

1. 保管期限已满的档案

该类档案是否延期或者销毁，必须由办公室主任及档案室负责人组成鉴定小组进行最后的审核鉴定。历史档案资料禁止销毁。

2. 经鉴定同意销毁的档案

该类档案必须逐件登记造册，办理正式审批手续，分别由鉴定人、法人和上级单位的审批人在销毁注册登记本上签字后方可销毁。

3. 已经批准销毁的档案

该类档案应继续保存不少于一年时间。

4. 销毁档案

该类档案必须注意保密，指定专人销毁和专人监销，销毁人员和监销人员应该在销毁登记本上签字。

第4节　养老服务机构的印章与证件管理

掌握印章及证件管理的方法

一、印章管理

1. 印章启用

由于机构变动或其他原因需要启用的印章，必须按照规定报批后，由院长签发正式启用通知书后使用。

2. 印章保管

印章应由办公室专管人员保管，不得随意委托别人代用印章，不得以任何理由超范围使用印章，不得回避印章保管员使用印章。印章用完后，应妥善予以保管。遗失、损坏印章必须立即向院领导及安全管理部门报告。印章刻制后，应将式样交存办公室备案。

3. 单位用印

印章保管人要熟知印章用途，协助领导把关。用印前必须请相关领导在使用登记本批准栏内签字，再由用印人签字后方可用印。对不符合用印规定的文件或用印要求，应及时向签批领导说明情况；对于不符合流程、不让看文件或介绍信内容以及空白、未填内容的文件等情况，必须拒绝用印，特殊情况必须及时用印的，事后应补办用印手续或履行专项登记手续。

4. 医务和财务用印

（1）医务用印。各种医疗诊断、转诊、专员证明以及外购单等必须由主管医师出具，印章保管人进行详细登记和保留存根后，方可用印。对于不符合规定且弄虚作假的情况，印章保管人应拒绝借用印章。

（2）财务用印。印章使用后，印章保管人应立即将印章锁入固定存放处，并保管好钥匙。

二、证件管理

证件是养老服务机构与外界发生业务关系时使用的凭证，不得用作私人用途，应由行政部门管理。养老服务机构的各种证件的原件应交由养老服务机构行政部门档案管理员保管，各部门及个人不得私自保管，否则若出现丢失或与此证书、证件有关的问题，当事人负全责。

出于工作需要使用原件或复印件时，需要填写"证件使用申请单"，逐级报批，经主管副院长以上领导批准后方可使用。证件的保管人员对证件、证书的使用要进行登记存档，并及时收回原件。

第5节 养老服务机构规章制度的制定与执行

熟悉养老服务机构规章制度制定的原则及方法
了解养老服务机构规章制度的执行原则

一、规章制度的制定

1. 规章制度制定的原则

（1）服务性原则。养老服务机构属于老年福利事业组织，为老年人服务是养老服务机构肩负的使命。养老服务机构的这种社会属性决定了它必须贯彻国家老年社会福利事业发展的方针政策，遵守行业法规，坚持为老年人服务的宗旨，这是制定养老服务机构规章制度的出发点和基本原则，用制度保障将老年服务落到实处。

（2）规范性原则。制定规章制度的目的是使养老服务机构管理实现工作程序的规范化、岗位职责的法规化、管理方法的科学化。因此，规章制度的制定必须以有关政策、法律、法规为依据，为养老服务机构员工的工作和活动提供可以遵循的依据。

（3）指导性原则。规章制度不仅包括养老服务机构的部门职能、岗位职责和工作制度，还包括服务标准、操作规范、工作流程，以及考核标准、评价标准等。规章制度对相关人员的具体工作内容、开展工作的具体方法都有提示和指导，同时也明确规定相关人员违章后的处罚措施，以促进养老服务机构各项工作协调一致，全面提高服务质量。

（4）可操作性原则。规章制度必须具有可操作性，否则再好的制度也不能发挥其应有的作用。因此，规章制度的条款必须责任明确、任务具体、条理清晰、描述准确、通俗易懂，使人一目了然，易于操作；反之，若条款内容模棱两可、含糊不清、无法实施，就会丧失规章制度应有的作用。

（5）稳定性原则。规章制度是现实工作客观规律的反映。任何一项规章制度的实施都有认识、熟悉、适应和掌握的过程，应保持相对的稳定性。如果朝令夕改，频繁改动，即使非常合理的规章制度，也难以实施，甚至会造成管理上的混乱。规章制度也不是一成不变的，应随客观情况的变化进行调整、增减，经过实践证明不合理和不完善的条款应按规定程序修订完善。

2. 规章制度制定的方法

（1）学习领会政策法规。国家政策法规和行业规范是制定规章制度的标准，制定养老服务机构各项规章制度时，必须首先熟悉相关领域的政策法规，如员工管理制度，要符合《中华人民共和国劳动法》等相关劳动权益保障法规的精神；制定安全管理制度，应掌握《中华人民共和国消防法》《中华人民共和国食品卫生法》等相关法规。只有把相关法规研究透彻，才能使制定出来的规章制度具有科学性、实用性和可操作性。

（2）总结工作中的有效经验。在经营与管理工作中，应经常对工作成效、经验做法、事故教训进行总结，这对制定规章制度具有很好的参考作用，制定出的规章制度符合实际，而且操作性也较强。

（3）充分调研，征求各方意见。制定规章制度必须进行充分调研，广泛听取各方意见，包括主管部门、专家和员工的意见，完善、健全的规章制度更容易被员工理解和接受，落实执行起来也比较顺利。

（4）善于借鉴参考同类机构管理经验。"他山之石，可以攻玉"，要善于吸收利用其他同类机构的管理经验，这样可以节省时间，提高效率，同时，要结合自身机构的实际情况适当借鉴，合理引用。

3. 规章制度的主要类型和内容

规章制度是由有权部门制定的、以书面形式表达的、并以一定方式公示的、非针对个别事物的处理的规范总称。凡是机构内所涉及的重复性或可能重复出现的工作都可以形成制度文件。养老服务机构目前主要涉及的规章制度有以下几种。

（1）部门职能。部门职能制定的主要目的是明确各部门的分工与任务、应履行的职责、承担的责任和享受的权限等，以避免各部门工作出现互相推诿的情况。部门职能应根据各机构部门设置情况而定，一般可以划分为行政部门职能、后勤部门职能以及业务管理部门职能。每个部门职能一般由部门名称、上级部门、下级部门、主要职责以及主要任务等构成。

1）行政部门职能。行政部门主要包括办公室、人力资源部门、财务部门等。

①办公室职能：制定发布全院相关规章制度，协助院领导督促、检查各项制度的落实情况，牵头组织院务会、院长办公会等各种会议，综合协调各部门、科室的工作，负责公文收发、起草、管理，负责全院工作动态的收集、审核及发布，负责机构网站的日常管理，负责各级领导和参观来宾的接待，做好来信来访、突发事件的协调处理等。

②人力资源部门职能：负责组织构架的设计、岗位描述、人力规划编制、考勤管理等工作，完成员工的招聘、调配、教育培训，员工年度考核、评级、奖惩，员工劳动工资及待遇统计与管理，员工人事档案管理等工作。

③财务部门职能：机构财务、资金和资产管理，财务预算、成本核算、报账，入住老年人收费及欠费的催缴等。

2）后勤部门职能。后勤部门职能包括：全院设施设备维修与保养、物资采购与供应、食堂管理、园林绿化与保洁、安全卫生、车辆与消防管理等工作。

3）业务管理部门职能。业务管理部门包括出入院管理部门、护理管理部门和医务管理部门。

①出入院管理部门职能：来访老年人及其家属的接待，为老年人办理出入院手续，协调相关部门为初次入住的老年人进行护理等级评估，协助处理入住老年人档案管理等。

②护理管理部门职能：老年人的生活护理、康复护理、心理护理，护理人员的基础培训、工作考核，意外伤害事故的处理等。

③医务管理部门职能：提供与管理老年人临床医疗保健服务，医务人员的培训与考评，药品的管理，医疗事故的处理及转诊的协调等。

（2）岗位职责。制定岗位职责的目的是明确各岗位的员工应当承担的工作任务、履行的职责和上下级的关系，使每一位员工知道该做什么、不该做什么，应当达到什么标准或要求，该对谁负责和该承担什么样的责任。岗位职责一般由岗位名称、上下级、本职工作、工作职责等部分构成。养老服务机构主要岗位职责一般包括管理、专业技术及工勤三大类。

1）管理类岗位职责：主要根据各养老服务机构管理岗位设置的情况而定，包括院长、书记、副院长、工会主席、办公室主任、人力资源部部长、后勤部部长、社工部部长、科研室主任等负责人的岗位职责。

2）专业技术类岗位职责：包括医生、护士、社工、财会以及其他专业技术职称系列岗位职责。各专业技术职务可根据职称系列进一步分为高级、中级和初级岗位职责。

3）工勤类岗位职责：包括养老护理员、文印员、厨师、锅炉工、水电工、维修工、洗衣工、清洁工、绿化工和门卫等工勤类岗位职责。工勤类岗位也可以根据职业资格等级进一步划分为技师级、高级、中级和初级岗位职责。

（3）工作制度。工作制度是指依据养老服务机构实际工作需要制定出相应的管理与服务规范，明确具体的工作目标、工作任务、工作方法、工作内容、工作程序等内容。工作制度大致分为以下五类。

1）行政类工作制度：包括工作会议制度、人力资源管理工作制度、突发事件报告制度、行政查房制度、值班制度、接待来访工作制度、消防安全管理制度、食品安全管理制度等。

2）业务类工作制度：包括老年人入住管理制度、健康评估制度、护理等级评估制度、交接班制度、转诊制度、药品代保管与代发放制度、财务工作管理制度、医疗服务管理制度、护理服务制度、其他服务质量管理制度等。

3）后勤服务类工作制度：包括物品采购、验收、储存制度、车辆管理制度、维修管理制度、食堂服务管理制度等。

4）技术操作规程与标准：一般参照国家、行业或地方指定的操作规程，包括服务诊疗规范、临床护理规范、生活护理规范、康复护理规范、营养配餐规范、突发事件应急处理预案、临床医疗及护理、康复服务质量标准等。

5）考核、评价、奖惩制度：既可以参照行业协会标准，也可以根据自身情况制定，一般包括月度、季度、年度考核管理办法。

4. 规章制度制定过程中需要遵循的标准

（1）因地制宜、实事求是。符合实际才具有实用性，任何制度都要顺应我国的国情，符合本院的具体情况，合情合理、体现人性化，进而调动员工积极性和创造力。

（2）与时俱进、不断完善。制度都有一定的时效性，任何一种制度都不可能一劳永逸、一成不变，制度必须随着国家方针政策的调整而修订，随着机构的发展而不断完善健全。

（3）大处着眼、小处着手。制定制度要着眼于机构的整体建设要求，体现机构的发展方向，同时又要从每位员工的个体发展考虑，从细微之处体现制度的作用。

（4）通俗易懂、简明扼要。规章制度是需要全体员工落实执行的，由于员工文化程度、个人素质等的差异，制度的条文务必通俗易懂、简明扼要，使大家便于学习和遵守。

（5）方便操作、具体量化。制度有效落实的重要前提是方便操作，这就要求制度要尽量具体化并能够量化，便于对照检查和考核评比。

二、规章制度的执行原则

1. 人人平等

制度面前人人平等。在日常管理中，制度是"尺子"，无论是领导还是普通员工，其所作所为均需经过"尺子"的度量，机构管理者要做到有法必依、执法必严，按章办事、按规处理，功过分明、奖罚严明，不徇私情、不为私利，敢抓、敢管，真正体现制度的严肃性和权威性。工作表现优秀突出，当奖则奖；工作出现纰漏差错，任谁都罚。有罚无奖，非管理的好手段；有罚有奖，才能让制度深入人心。

2. 领导带头遵守制度

"其身正，不令而行；其身不正，虽令不从。"制定好规章制度后，管理者首先要带头执行制度，凡是制度要求做到的自己应首先做到，这样才能把制度有效执行下去。

3. 常"抓"不懈

形式主义是机构管理的大忌。制度本身是形式，有制度不执行就是形式主义。规章制度要经常讲、天天"抓"，制度执行管理不能时紧时松，不能搞运动式管理、突击式推进，应常抓不懈，让遵守制度内化为习惯并成为一种文化。

第 4 章

养老服务机构的人力资源管理

第 1 节 养老服务机构员工聘用与培训

了解养老服务机构员工聘用总则的内容
熟悉员工的聘用和培训管理制度

一、员工聘用总则

1. 制定目的

为使人事作业规范化、制度化和统一化，使养老服务机构员工的管理有章可循，提高工作效率和员工责任感、归属感，特制定员工聘用总则。

2. 适用范围

（1）机构员工的管理，除遵照国家和地方有关法律、法规外，还应依据员工聘用总则办理。

（2）员工聘用总则中所称员工，是指本养老服务机构聘用的全体从业人员。

（3）本养老服务机构如有临时性、短期性、季节性或特定性工作，可聘用临时员工。临时员工的管理依照合同或其他相应规定，或参照员工聘用总则的规定办理。

(4)新进员工的管理参照员工聘用总则的规定执行。

二、员工的聘用管理制度

1. 报到时间

应聘人员接到录用通知单后,应在指定日期到人力资源部报到,如因故不能按期前往,应与有关人员取得联系,另行确定报到日期。

2. 报到程序(仅供参考,以实际应聘单位为准)

(1)在人力资源部办理报到登记手续,亲自填写相关表格,领取办公用品和资料等。

(2)与用人单位负责人见面,接受工作安排,并与用人单位指定的入职见习导师见面。

(3)报到后,应在20日内转移原单位个人劳动关系相关手续,否则后果自负。

3. 试用与转正

(1)试用期间,如果员工感到养老服务机构实际状况、发展机会与预期有较大差距,或由于其他原因而决定离开,可提出辞职,并按规定办理离职手续。同样,如果员工的工作能力无法达到养老服务机构要求,养老服务机构也可解除劳动合同。

(2)在员工岗位试用期末,用人部门应向人力资源部提交该员工的"见习员工转正申请考评表",作为是否批准正式录用该员工的主要依据。如员工在试用期间不能适应本岗位的工作,则由人力资源部另行安排其他岗位;确实无合适岗位的,由人力资源部通知员工本人解除劳动合同。

(3)员工在试用期间完成见习任务,且本人也同意在本企业工作,由用人单位在当月的"见习员工转正申请考评表"中提出可正式录用的建议,人力资源部对考评表的内容进行考核、调查,确认并核定岗位与薪酬等级后,通知员工本人办理正式录用手续。

(4)正式被录用的员工应与养老服务机构签订"劳动合同书"。如有需要,劳动合同双方可就劳动合同中的未尽事宜另行签订补充协议。"劳动合同书"及其补充协议应遵循合法、合理、合情的原则,在双方平等自愿、协商一致的基础上订立。

（5）正式员工可享受企业提供的各项福利，并享有婚假、产假、丧假等假期，同时也必须接受岗位绩效考评以及考评结果带来的奖励与处罚。

4. 劳动合同

劳动合同是养老服务机构与员工明确聘用关系的法律证明，只有在养老服务机构与员工双方共同签订后方能正式生效，劳动合同一式两份，双方各执一份。

5. 试用期

（1）《中华人民共和国劳动合同法》规定，劳动合同期限3个月以上不满1年的，试用期不得超过1个月；劳动合同期限1年以上不满3年的，试用期不得超过2个月；3年以上固定期限和无固定期限的劳动合同，试用期不得超过6个月。同一用人单位与同一劳动者只能约定一次试用期。

（2）在试用期内工作表现合格者将转为正式员工，工作表现不合格者、不符合录用条件的，用人单位可以解除劳动合同。

（3）对于在试用期内表现突出的员工，各直属主管可在员工试用期内向上级主管部门提出提前转正的报告。对于经养老服务机构正式录用的员工，因个人原因不能办理用工手续转正的，应自行承担相应责任。

6. 辞职

试用期内员工辞职可随时通知养老服务机构，正式员工在合同期内辞职必须提前30天以书面形式通知养老服务机构。

7. 辞退

《中华人民共和国劳动法》规定，员工有下列情形之一的，用人单位可以解除劳动合同。

（1）在试用期间被证明不符合录用条件的。

（2）严重违反用人单位的规章制度的。

（3）严重失职，营私舞弊，给用人单位造成重大损害的。

（4）被依法追究刑事责任的。

三、员工的培训管理制度

1. 培训的主要目的

为实现养老服务机构的目标,体现共同的价值观,加强养老服务机构内部沟通协作,不断提高员工的专业技能和工作效率,增进员工对养老服务机构企业文化的认同,尽快适应养老服务机构的工作环境,应定期对员工进行培训。

2. 员工职前培训

在员工加入养老服务机构后,养老服务机构综合管理部门将组织员工参加职前培训,培训的内容为简要介绍养老服务机构的发展历史、企业文化、政策、产品知识、规章制度、组织机构及设施等方面内容,以便员工尽快熟悉养老服务机构的工作环境。

3. 员工在职培训

综合管理部门应根据养老服务机构业务发展需求和各部门的工作需要,统筹安排养老服务机构员工的在职培训,以提高养老服务机构员工的整体素质和专业技能,鼓励员工不断自我完善和提高。

在职培训分为内部培训和外部培训。内部培训是指各部门根据岗位的工作需要,由养老服务机构综合管理部门组织的培训;外部培训是指养老服务机构根据某项专业技能的需要,安排员工在社会专业培训机构或同行业的培训机构内参加的培训。

第2节　养老服务机构的人事管理制度

了解养老服务机构的考核管理制度及薪酬福利待遇

熟悉员工假期制度

本节内容均以某养老服务机构的人事管理制度为例。

一、考核管理制度

在保证工作正常运转的情况下，各部门可根据工作性质采用轮班制，并将轮班时间表报人力资源部备案，人力资源部以此作为考勤依据。

1. 考勤

（1）员工单次无故迟到、早退（或工作中离岗），30分钟以内罚款20元。

（2）员工单次迟到、早退在31分钟以上60分钟以内又未履行请假手续的，扣发当日个人综合薪资的50%。

（3）员工单次迟到、早退、离岗在1小时以上4小时以内又未履行请假手续的视为旷工半天，扣发当日个人综合薪资。

（4）员工单次迟到、早退、离岗在4小时（含4小时）以上视为旷工1天，扣发当日个人综合薪资的2倍。

（5）员工连续旷工2天（含）以上或当月累计旷工3天者，养老服务机构可予以解聘。

（6）员工考勤不允许委托他人代打卡或代替他人打卡（包括代签到），一旦发现，代替人和被代替人均按旷工1天处理，扣发当日个人综合薪资的2倍。

（7）上班时间员工因工作外出，应报经部门主管同意，如发现员工私自外出，按旷工处理。

2. 值班

原则上国家法定假日（周六、周日除外）应统一安排员工休息，如因工作性质，需要安排员工值班的，应按员工月均工资的一定比例发放值班工资。

3. 出差

员工因工作关系需要出差的，应履行出差审批手续，经批准后方可外出，否则按旷工处理。

二、员工薪酬福利待遇

1. 薪酬原则

（1）养老服务机构应本着公平、公正、客观的原则，以具有竞争力的薪酬和福利吸引人才、量才录用，鼓励员工勤奋学习，不断提高专业技能和实际操作能力。

（2）员工薪资参照市场薪资水平、社会劳动力供需情况、养老服务机构的经营业绩、员工自身的能力、所担任的工作岗位及员工工作业绩等几方面因素确定。

（3）养老服务机构将根据员工个人的表现和业绩来调整其工资待遇，工资实行动态管理。

2. 薪酬结构

（1）基本工资。基本工资是职工劳动报酬的主要部分，用来维护员工基本生活，以符合国家各城市劳动生产率的基本标准核发。

（2）岗位工资。岗位工资是指以员工的岗位重要程度、个人资质等要素确定的岗位系数为支付工资报酬的根据，工资多少以岗位为转移，岗位成为发放工资的唯一或主要标准的一种工资支付制度。此为所有员工在养老服务机构某个岗位上所承担的工作任务及因此产生的工作成果，养老服务机构据此支付给员工的报酬。

3. 各项津贴补助

（1）工龄津贴。凡与本养老服务机构签订3年期劳动合同的员工，每工作满1年按一定金额每月发放工龄工资。

（2）法定福利。根据国家政策，养老服务机构应为其所属分支机构的正式员工办理法定社会保险。

（3）餐费、住宿补贴。此项补贴不列入补助范围，由养老服务机构免费提供。

（4）特殊津贴。处于特殊岗位或有特殊贡献的员工，养老服务机构可以为其发放特殊津贴。

4. 绩效工资

绩效工资是根据养老服务机构实际效益，各岗位工作性质，员工工作技能、专业水平、工作表现等而设立的绩效奖励工资，按月度、季度或年度考核发放。

5. 晋升

在本养老服务机构工作 3 年以上的高级技师与高级管理（业务）人员可优先晋升管理岗位。

三、员工假期制度

1. 法定节假日

全年共计法定节假日 11 天，其中元旦 1 天、春节 3 天、清明节 1 天、五一国际劳动节 1 天、端午节 1 天、中秋节 1 天、国庆节 3 天。按照《中华人民共和国劳动法》的规定，法定节假日用人单位应当依法支付工资，如需员工值班，应按照规定为其发放加班工资。

2. 事假

养老服务机构实行事假无薪制度，员工请事假每次不得连续超过 7 天，每月累计不得超过 15 天，且事假之前必须按规定办理相关审批手续（事后补假或电话请假无效），报人力资源部存底，作为考勤的依据，否则按旷工处理。凡在事假之前没有办理相关审批手续的请假，视同于旷工。

3. 病假

根据《企业职工患病或非因工负伤医疗期规定》等有关规定，患病或非因工负伤职工根据其实际参加工作年限和在本单位工作年限，可给予其 3 个月到 24 个月的医疗期。

4. 婚假

婚假应在结婚证书生效日起 1 年内一次性使用，且必须事前办理请假审批手续，提供结婚证明，报人力资源部存底，作为考勤的依据，发放全额工资。

5. 丧假

员工处理其配偶、父母、子女、岳父母、公婆、祖父母、外祖父母及有赡养关系等直系家属的丧事，可酌情给予其 1~3 天假期。员工事前应办理请假审批手续，报人力资源部存底，作为考勤的依据，发放全额工资。

6. 产假和计划生育假

（1）女员工生育享受 98 天产假，其中产前可以休假 15 天；难产的应增加产假 15 天；生育多胞胎的，每多生育一个婴儿增加产假 15 天；配偶生育，男员工可享受 7 天护理假。

（2）女员工怀孕不满 4 个月流产的，享受产假 15 天；怀孕满 4 个月流产的，享受产假 42 天。

（3）女员工育婴期间（婴儿 1 周岁以内的），每天给予哺乳假 1 小时。

员工必须事前办理审批手续，提供生育或相关证明，报人力资源部存底，作为考勤的依据，发放全额工资。

7. 工伤假

员工在工作时间内因工负伤，经相关部门主管审查确认，由医院开具诊断证明，经上级领导批准后，可以休假。

8. 请假办理规定与审批权限

（1）员工请假必须履行请假手续，经批准后方可离岗，不得以电话的形式请假或事后补假（如遇紧急、临时事件除外）。

（2）婚假、产假等不得累计分期休假，必须一次性使用完毕（不含正常休息日）。

（3）当事人办完所有请假审批手续后必须报人力资源部存底，作为考勤的依据。

第 5 章

养老服务机构的安全与事故管理

第 1 节 养老服务机构的安全管理内容、原则、难点与方法

了解养老服务机构常见的安全问题和事故类型
能够及时发现影响老年人安全的因素
掌握安全管理的原则、难点及方法

一、养老服务机构常见的安全问题和事故类型

1. 跌倒后骨折

跌倒是全球范围内导致老年人死亡的主要原因,而骨折是老年人跌倒后最为常见的情况。临床上老年人骨折最常见的三个部位是前臂、髋部、脊柱椎体。

髋部骨折被称为"死亡骨折"。老年人髋部骨折后一旦长期卧床不活动,很容易发生坠积性肺炎。固定部位的皮肤长期受压,容易发生压疮,老年人由于营养吸收能力和机体的自我修复能力较差,更容易出现疮口溃烂、恶性感染,甚至发生败血症等情况。

2. 呛噎与窒息

老年人由于喉肌松弛、进食速度过快、进食体位不正确或因疾病有吞咽障碍等原因，在进食过程中食物或其他物体进入或堵住气管、支气管的情况时有发生。轻者引起呛咳、吸入性肺炎，严重者可造成全身各器官组织缺氧，呼吸困难甚至停止呼吸。

3. 坠床

在睡眠照料中，老年人坠床的发生率一直居高不下，主要发生于夜间如厕及起床、下床过程中。疾病、药物、精神状况、反应及平衡能力退化等是老年人坠床的主要原因。此外，地面潮湿、光线不足等环境因素也会增加老年人坠床的风险。

4. 走失

2016年发布的《中国老年人走失状况白皮书》中指出，每年全国走失老年人约有50万人，而平均每天就约有1 370名老年人走失，其中，经过医院确诊的阿尔茨海默病患者占到总人数的25%。

阿尔茨海默病以智能障碍、记忆障碍、情感反应障碍和性格改变为主要表现，患有该病的老年人往往不能确认自己的位置，不能找到目的地或起始地点的位置，极易发生走失现象。一旦走失，后果十分严重，如意外受伤甚至死亡，不仅给老年人的家庭带来不幸，也容易引发纠纷，对养老服务机构产生不良影响。

5. 误吸和误食

老年人随着嗅觉功能的退化，容易误吸、误食各类药物。如果用药剂量、服药方法、服药时间不正确或院外私带药物存在质量问题，将会给老年人的身体造成伤害。有的患阿尔茨海默症老年人甚至把不能吃的东西放在嘴里，如鲜花、石头、纽扣等，尤其是年龄较大、病情较重的老年人发生误吸、误食的可能性更大，加之其咽部感知功能逐渐衰退、吞咽能力下降、肌群协调能力下降，导致异物进入体内后身体无法产生反射性动作，如果看护不周到、细致，很可能发生窒息。

6. 皮肤压疮

皮肤压疮是指身体局部组织长期受压，血液循环受阻碍，皮肤及皮下组织持续缺血、缺氧、营养不良，以致局部组织失去正常机能而发生的组织溃烂和坏死。老年人发生压疮的主要原因有外源性因素和内源性因素。外源性因素主要包括力学因素（压力、摩擦力）、矫形器使用不当、皮肤周围环境潮湿等，其中持续性垂直压力是引起压疮的最重要原因。内源性因素包括老年人营养不良、瘦弱、高龄又有基础疾病，服用抗癌药物、身体浮肿等。压疮的好发部位与体位密切相关（见图5—1），以骶尾部最为常见。

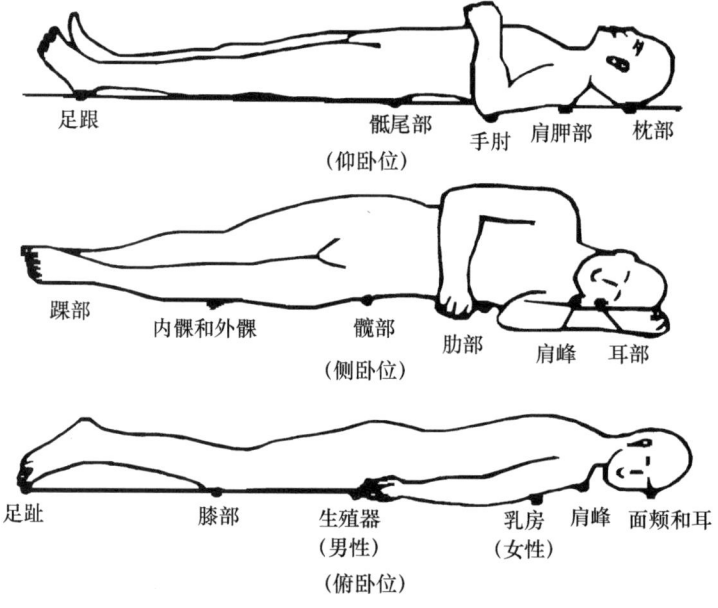

图5—1　压疮好发部位与对应体位

长期卧床的老年人最容易出现压疮，老年人一旦发生压疮，其创口修复再生较为困难，不仅给老年人带来痛苦、延长其康复时间，严重时还会因继发感染引起败血症而危及生命，应该引起足够重视。

7. 烫伤

很多老年人由于疾病、身体机能退化等原因导致生活自理能力下降，在日常生活中稍有不慎，烫伤就会发生。其中大部分是中小面积烧烫伤，虽然不易导致严重感染或损伤，但给老年人生活带来了极大不便。

老年人烫伤主要发生在以下四个特定的时间点。①冬季取暖时，老年人自行或在他人帮助下采用热水袋、热水壶或其他简易取暖设备取暖，是烫伤最好发的时间点。无论是将热水袋或热水壶直接接触身体表面，还是使用电热器进行局部取暖，或者将暖宝宝直接贴在皮肤上，都容易因为身体同一部位取暖时间过长但老年人感知能力下降察觉不及时而导致烫伤。②起身取用物品时，老年人记忆力减退，常常忘记身旁或者床上放置的取暖用品，当他们起身离位或离床时，不慎将其打翻甚至打破，就容易烫伤自己。③沐浴或治疗时，沐浴时忘记了冷热水开关的方向，不慎先放热水导致烫伤的情况也时有发生；通过药浴或频谱照射仪治疗疾病时，同一部位治疗时间过长也会导致烧烫伤的发生。④使用特殊工具时，部分独自居家的老年人可能会使用到打火机或烤火器等工具，若使用时操作不当也可能引起不同程度的烧烫伤。

8. 自杀

老年人自杀的原因有很多，家庭、经济、疾病、宗教、社会支持是影响老年人自杀的主要因素，而政治、荣誉因素也对老年人自杀有影响。其中，老年人躯体疾病是自杀最常见的负性生活事件和老年人自杀的主要危险因素之一。而患有精神疾病的老年人中，抑郁症是自杀的重要原因。另外，患有阿尔茨海默病的老年人往往中枢神经发生异常导致思维混乱产生各种精神症状，发病时会出现短时间情绪躁动、精神错乱、幻觉等症状，且发病具有不确定性、易变性与多样性。如果发病时看护不及时，老年人很容易产生伤人、自伤甚至自杀行为。

9. 自伤和他伤

自伤是一类有意伤害自己的行为，目的是损伤自己，而不是结束自己的生命。他伤是指由他人造成的伤害。在养老服务机构中，照护者、同室室友与老年人关系最为密切，关系的不融洽或疾病本身的发展容易引发自伤和他伤。自伤行为多数发生于阿尔茨海默病患者身上，他们的发病具有不确定性、易变性与多样性，发病时思维混乱、产生各种精神症状，攻击养老护理员或同室老年人。养老护理员需要密切观察和及时做出反应，必要时寻求其他人员的帮助，避免老年人自伤或伤及他人。

10. 突发疾病死亡

养老服务机构中的老年人是心脑血管疾病的高危和高发人群，老年人往往因为疾病发作突然，抢救无效而死亡。一般而言，老年人健康状况越差，越容易诱发意外事件，老年人处于完全自理、勉强自理、轻度失能、中度失能、完全失能的不同阶段，发生意外事件的概率是递增的。作为养老服务机构的养老护理员，当老年人身体出现异常时，不仅需要正确判断、细心照顾、密切观察，更需要仔细记录，按流程立即上报上级主管人员，同时要在第一时间告知老年人家属。

11. 社会安全事故

社会安全事故是指突然发生的、伤害老年人或养老护理员人身安全和健康，或者损坏设施设备、造成经济损失，导致养老服务机构暂时中止或永远终止服务的意外事件。如火灾、触电、重大交通事故、恐怖袭击、暴力侵害、丢失财务、传染病等，这些突如其来的事故不仅给老年人带来无尽的伤害，也给社会造成不良影响。

12. 医疗事故

医疗事故是指医疗机构及其医务人员在医疗活动中，违反医疗卫生法规、部门规章和诊疗护理规范、常规，过失造成患者人身损害的事故，如气管导管脱出、误诊、错误用药、过量用药、手术失误、输血输液差错等。

目前，国内养老服务机构有医养结合型的也有设置医疗单元的。设有医疗单元的养老服务机构应严格按照《养老机构安全管理》要求，遵守国家医疗安全相关法律、法规要求，依照卫生部门的规定，建立相应的医疗护理安全管理制度，对护理照料、医疗等重点安全问题进行监控。主动接受卫生部门的定期监督检查，严格按照行业标准和要求做好质量控制，组织人员做好对老年人健康状况的定期评估，及时将身体有不适征兆的老年人送入上级医院并进行记录，与家属做好沟通。

二、影响老年人安全的因素

养老服务机构的安全问题与事故是由多方面的因素造成的，主要包括老年人自身的不安全因素、养老护理员的不安全因素、管理的不安全因素、环境设施的不安全因素。

1. 老年人自身的不安全因素

（1）生理因素。首先，老年人随着生理机能的退化，体质、健康状况会变得比较脆弱，加之生理性衰老对智力、精神、性格等方面造成的影响，使老年人在主动接受服务和协调配合方面的能力不断下降，出现步态改变、关节活动不灵活等情况，极易发生跌倒、烫伤、骨折等意外伤害；其次，大多数老年人伴有各种类型的急慢性疾病，处于带病生存状态，如脑血管疾病及后遗症、冠心病、高血压、肺部感染、糖尿病等，影响其日常生活的活动能力，其中在如厕、翻身、洗澡时的受伤率最高。疾病需要药物治疗，老年人在服用血管扩张药、强心剂、抗心律失常等药物时可诱发体位性低血压导致跌倒，尤其是使用镇静药、催眠药、麻醉镇痛药等，可显著削弱老年人的反应速度、认知能力、平衡能力等，会增加意外损伤发生的风险。

（2）社会心理因素。老年人具有特殊的心理特点和较大的社会差异性，孤独、焦虑、抑郁等负面情绪很常见。特别是被家属"骗"入养老服务机构的老年人，如果很少有人来探望、与周围老年人的关系又不融洽，更容易产生抑郁情绪，甚至出现自杀倾向。部分老年人还表现出不服老、不想依赖他人，不接受别人意见等固执的心理特征，在身体状态不好的情况下坚持不寻求帮助，容易发生各种意外。

2. 养老护理员的不安全因素

老年人入住养老服务机构以后，与直接照护自己的养老护理员接触最为密切，尤其是失能、失智的老年人。养老护理员的素养及工作能力直接影响老年人的安全。各类养老服务机构的工作人员受教育程度及专业技能参差不齐，如果工作人员没有接受过专业培训，极有可能照护不当，甚至侵犯老年人的权益。例如，对鼻饲营养操作不了解，强行喂水、饭、药，容易导致残余物经喉入气管而造成吸入性肺炎；湿热敷时不按照标准流程进行温度测试，可能会烫伤老年人等。

同时，因劳动报酬等原因，大多数养老服务机构的一线养老护理员普遍存在年龄偏高、流动性大等问题，既不利于提升养老服务机构的服务质量，也不利于养老服务机构的管理工作。部分养老护理员缺乏爱心、缺乏职业认同感及责任心，服务态度欠佳，甚至对老年人造成肉体或精神上的损害，引发意外事件。

3. 管理的不安全因素

意外事故的发生与养老服务机构的疏忽管理关系密切。养老服务机构在管理方面可能存在五个方面的不安全因素。①硬件设施不完备，一些养老服务机构缺乏必要的康复辅助器具或医疗设备，且老年人生活用具、无障碍设施设计不合理。②制度不健全、服务欠规范，各养老服务机构的护理分级不统一，制定标准笼统、模糊，对各等级护理所采取的护理措施无明显差异。养老服务机构间护理服务差异大，入住老年人的护理质量自然不能得到保障。③职业准入不严格，由于流动性大，养老服务机构会出现同时多人离职的情况，为保证正常运营，时常存在准入不严格的情况。④不合理的管理模式，各类养老服务机构都在发展和积极建设中不断前进，在探索阶段难免出现养老护理员比例不符合规定、工作量大、强度高、夜间排班不合理等情况，照护工作越繁忙，养老护理员越容易疲劳，随之而来的注意力下降，就容易导致各类不安全事件的发生。⑤缺乏人文关怀和归属感，养老护理员当下的社会地位并不高，收入也远远没有与辛苦的付出相匹配，工作过程中还可能遇到不讲道理的家属的各种刁难与质疑，也可能遭到某些带病老年人的无意识打骂和其他专业同事的不理解和轻蔑态度，这些都深深刺痛养老护理员的心，在这么多压力下如果得不到应有的人文关怀，而机构又提供不了好的组织平台，会让他们感觉孤军奋战、没有团队，看不到未来成长的路和晋升的途径以及在专业知识上的进步，很容易出现职业倦怠，丧失工作热情和责任感，直接导致安全事故的发生。

4. 环境设施的不安全因素

根据《老年人照料设施建筑设计标准》的要求，养老服务机构应提供合格的建筑、设施及设备，定期进行维护和保养，并保证其质量。但有的地区条件有限，设施和设备比较陈旧，出现室内光线不充足、地面不平整、有门槛、地面有障碍、活动空间小、家具有尖角、杂物繁多、轮椅、步行器缺乏安全装置、居室或卫生间厕位无呼叫按钮、卫生间无安全扶手、上下坡缺乏防滑设施、床没有防护栏等情况。在这种环境中生活，老年人发生跌倒等不安全事件的可能性会大大增加，给老年人造成伤害。因此，养老服务机构应该高度重视环境设施建设，严格按照规范和标准进行设施设备的建设和维护，创造安全的养老服务环境。

三、安全管理的原则

1. 护理服务与安全管理统一原则

安全管理是养老服务机构护理服务的重要组成部分，护理服务与安全管理联系密切，两者的目标始终保持高度统一。养老服务机构在提供护理服务的同时，必须做好安全管理，明确安全管理责任，建立、落实安全管理责任制度，并定期进行自查和监督。

2. 坚持安全管理的目的性原则

养老服务机构安全管理的目的是为老年人提供安全舒适的环境。为实现这一目标需要对护理服务中的每个过程进行规范管理，同时也需要对老年人所处的环境进行有效管理，最大程度地避免和消除容易导致安全事故的不安全因素，以达到保护老年人安全与健康的目的。

3. 预防为主的原则

发生不安全事件的代价是巨大的，不仅给老年人及家属带来伤害，也容易影响养老服务机构的声誉。所以，"安全第一、预防为主"依然是安全管理的原则。养老服务机构要明确责任、定期评估、经常检查、及时发现危险因素或安全隐患，更重要的是及时采取措施予以消除，以保证老年人的安全。

4. "四全"动态管理原则

"四全"即制度全、培训全、全员、全过程的动态安全管理。制度的动态管理可保持安全管理制度随着机构的发展而不断完善；在完善安全管理制度的前提下，进行涉及老年人各方面安全的培训，与时俱进、与专业发展同行，培训也必须随着不断满足老年人对美好生活的需求发展而壮大和完善，是动态变化的。动态管理强调全员参与，树立安全事关全体员工的理念。动态管理应涉及从老年人入住到离开的整个过程，涉及一切变化着的影响因素。

5. 前馈控制原则

前馈控制又称事前控制或预先控制，是预防为主原则的延展和具体化，主要适用于安全管理层的工作，指在管理工作之前，对管理活动所产生的后果进行预测，并采取相应预防措施，使可能出现的偏差在事前可以避免的一种方法。应用该法实施安全管理，重点在于预防，这种预防是基于之前有过类似的安全事故得出的经验教训，在服务过程中提醒工作人员注意避免以前类似的错误再次发生。

6. 在管理中发展、提高的原则

安全管理是一种动态的管理，是不断发展和变化的。每个养老服务机构在服务老年人的过程中都很难避免各种危险因素，这需要养老服务机构不断摸索新的规律，总结应对办法与经验，探寻新的安全管理模式来适应不断的变化和发展，力争将养老服务机构的安全管理上升到新的高度。

四、安全管理的难点

1. 安全意识欠缺

（1）老年人自身安全意识欠缺。尽管养老服务机构对入住老年人进行了定期或不定期的安全知识教育，但限于自身接受和认知能力，老年人究竟了解了多少安全知识及预防安全事故发生的具体措施与应急处理方式等，确实很难量化。

（2）养老护理员安全意识欠缺。部分养老护理员由于文化程度不高，没有接受或只接受了少量的专业培训，即便接受过专业训练也存在养老服务机构本身缺乏安全训练等情况，养老护理员不能准确评估老年人发生跌倒或坠床等不安全事件的风险。

（3）管理人员安全意识欠缺。事实上，大部分养老服务机构都把安全放在了很重要的位置，但依然存在部分机构安全管理不到位的情况。管理人员不重视老年人安全问题的预防，在人才培训、应急预案等方面缺乏应有的准备，一旦意外发生，得不到及时而有序的处理，将造成严重伤害。

2. 安全服务技能不高

由于地区发展差异大，并不是所有养老服务机构的管理者和养老护理员都接受过专业培训。就算同一地区或城市，不同层次的养老服务机构学习和培训平台也有不同。

3. 内部化倾向

如果养老服务机构缺乏完善的不安全事故报告制度，内部各护理单位出了不安全事件之后大都选择大事化小、小事化了，会尽到最大努力不让其他护理单位知道。"内部消化"将造成机构同种安全事件多次发生，这样就阻碍了养老服务机构的自身发展。

4. 法律不完善

近年来，尽管国家及地区已陆续颁布实施了一些涉及养老服务的行政法规、部门规章及其他规范性文件，但总的来说，养老服务法律体系仍不健全。这导致很多养老服务纠纷在责任认定时难以在现有的法律、法规中找到可靠依据，纠纷一旦发生就容易陷入"公说公有理，婆说婆有理"的尴尬境地。

五、安全管理的方法

1. OEC 管理模式

OEC 管理模式是海尔集团依据多年实践经验创建的。O：Overall，即全方位。E：①Everyone，每个人；②Everything，每件事；③Everyday，每一天。C：①Control，控制；②Clear，清理。OEC 指全方位对每个人每一天所做的每件事进行细化，并且当天完成当天的事，不能拖延。其本质就是将企业核心目标量化到每个人，将每一个细小的目标责任落实到每一个员工身上。该管理模式由目标体系、日清体系及激励机制构成，其主导思想是确立目标，完成目标并与正负激励挂钩。

2. 三级监控模式

三级监控模式在压疮质量管理中的应用较多，但不同级别的医院或养老服务机构每一级监控组织的成员构成会有区别。下文以一家三甲医院为例对三级监控模式进行阐述。

第一级监控组织由科室的高级责任护士或病区护士长组成；第二级监控组织由科护士长及护理督导组组成；第三级监控组织由护理部、压疮专科护理小组组成。护理层级的划分与护理专业技术职称之间有非常重要的关系，各层级的护士有各层级的任职资格。当然，为保障三级监控模式的有效实施，需要一系列制度做支撑，如培训制度、压疮登记报告制度、护理会诊制度、严格交接班制度等。同时，需要完善压疮评估及报告表格，明确各级的职责。

三级监控模式不仅适用于压疮管理，也同样适用于养老服务机构的各类安全管理。通过建立三级监控管理制度，明确各级职责、健全评估标准，从而有效地提高了安全管理质量，最大程度地保障老年人的安全，值得推广和应用。

3. 安全管理持续质量改进模式

持续质量改进（Continuous Quality Improvement，CQI）强调持续地收集资料、剖析原因、动态观察，随时对质量加以改进，是现代医院医疗质量管理的常用方法。该模式通过找出存在的问题，进行原因分析，提出整改措施，进行跟踪评价，形成一个良性循环，促进质量管理可持续发展。

养老服务机构将 CQI 运用于安全管理时，需要综合考虑该模式不仅仅是单一方面的管理，而是一种以达到更好照护效果和更加高效的照护水平为目的的模式；需要对机构内存在安全隐患的问题进行持续性整改和修正，最终实现规范化管理，促使各个环节更加合理、安全和有序。

4. 安全事件的非惩罚性自愿报告制度

不少养老服务机构将错误或意外直接归咎于养老护理员个人的不安全行为或防范意识不强，却往往忽略了非常重要的系统失误因素，对不良事件传统的处理流程常常分析个人原因，查找当事人或所在部门的责任，通过批评、通报甚至惩罚等手段来解决问题。而非惩罚性自愿报告制度则注重对自愿报告的不良事件进行原因分析，改进工作流程，分享经验教训，强调了不良事件上报的非惩罚性和保密性原则，消除了养老护理员对不良事件报告时担心受批评、个人形象受影响的顾虑，同时，也使养老护理员真正认识到不良事件的上报有助于找到发生不良事件的原因，从根本上杜绝同类不良事件的发生。养老服务机构完全可以根据自身的发展状态尝试制定非惩罚性自愿报告制度、报告程序和处理流程，建立自愿报告系统，明确不良事件报告范围并且设立激励机制。研究和建立一个通畅、有效、无障碍的安全事件非惩罚性自愿报告系统是保障老年人安全的重要条件。

5. SHEL 事故分析法

SHEL 事故分析法在 20 世纪末由日本医疗事故调查委员会提出，包括"软件部分（Soft）"和"硬件部分（Hard）"，前者是指护理人员的业务素质和能力，后者是指护理人员工作场所、临床环境（Environment）、当事人及他人（Litigant）。日本医学专家认为，医疗事故的形成主要受上述因素的影响，通过对上述因素的分析找出医疗事故的原因，并制定相应的对策，能够对减少差错的发生起到积极作用。

SHEL 事故分析法应用于养老服务机构时，养老护理员及机构管理者的规章制度、工作流程等是"软件"，养老服务机构的机构构造、器具、设备等是"硬件"。需要分别从"软件"和"硬件"以及影响工作的所有环境、当事人等方面认真寻找可能存在的潜在危险，并制定与之相对应的有效安全管理策略，降低养老服务机构意外事件的发生。

第 2 节　养老服务机构的安全防范制度与设备

了解养老服务机构安全防范制度的内容和安全防范设备
掌握养老服务机构安全防范制度的内容
熟悉养老服务机构安全防范设备及其安全要求

一、安全防范制度

1. 入院评估、宣教制度

（1）老年人进入养老服务机构时由护士完成体检资料和医疗证明的核查并存档。

（2）由医生、护士、养老护理员组成的专业评估组对老年人情况进行评估，并依次填写各类"风险评估表"（"自理能力评估表""跌倒危险因素评估表""坠床危险因素评估单/告知书""心理状态评估表""高危人群压疮评估表""压疮护理记录表""误吸危险、窒息因素评估表""安全责任告知书"等）。评估组根据老年人自身情况和生活自理能力，确定不同级别的照护等级，并制订照护计划，每周复评一次，如有突变情况随时评估。照护计划需评估组每位评估员签字确认后方可实施，评估结果应经老年人或相关第三方（为老年人提供资金担保、监护或委托代理责任的个人或组织）认可，并作为提供相应服务的依据。

（3）评估组应注意提供安全知识指导，增强防护意识，做好相关宣教。对存在高风险因素的老年人要与其耐心沟通，征得同意后在其床头挂警示牌，评估组需每天评估、书写记录。压疮高危老年人需要每班评估，跌倒危险老年人每周评估1~2次。

（4）老年人确认入住后，养老服务机构应采集相关第三方基本信息，并与老年人和相关第三方签订服务合同。服务合同内容包括但不限于：权利义务、服务内容、服务标准、收费标准、合同的变更和解除。

（5）对于其他特殊人群，如特困老年人等，养老服务机构应根据各地域或城市相关部门的规定为其办理手续。

2. 老年人管理制度

养老服务机构经过评估，对老年人实行分类管理制度，并根据其特殊情况制订相应的照护计划，进行个性化管理。

（1）根据评估结果和分类为老年人提供相应的生活照料服务，协助或帮助老年人完成个人饮食、起居、清洁卫生、排泄等。

（2）有条件的养老服务机构应为老年人提供医疗护理服务，如常见多发病的诊疗、健康指导、预防保健、康复护理等。

（3）为老年人提供心理或精神支持服务，密切观察老年人情绪，进行相应心理支持及危机干预。

（4）有条件的养老服务机构应为老年人提供良好的临终关怀服务，进行哀伤辅导及后事指导。

（5）老年人终止服务、要求出院的，应通知第三方，协助老年人及第三方办理出院手续。

3. 住院管理制度

（1）物品固定放置，便于清点，保障老年人行动安全。

（2）任何人不得携带易燃易爆物品进入养老服务机构，定期做好安全排查。

（3）按要求疏通防火通道，不堆堵杂物；消防设施完好、齐全。

（4）加强巡视，及时发现问题，并按养老服务机构规定采取相应措施。

4. 意外事件的防范制度

（1）养老服务机构需定期进行养老护理员的安全教育培训并考核，鼓励养老护理员主动报告护理安全隐患和不良事件。

（2）养老服务机构需强化照护服务活动的规范化管理，制定照护服务规范的评价内容和评价标准，不断完善安全质量管理。

（3）医养结合型养老服务机构强调医护人员在医疗活动中严格遵守医疗卫生法律、行政法规、部门规章和诊疗护理规范，恪守医疗服务职业道德。

（4）养老服务机构需定期进行安全自查，对发现的不安全因素或隐患采取积极应对措施。

5. 坠床、跌倒的预防和管理制度

（1）养老护理员需定期评估老年人坠床、跌倒的风险，并采取适当的安全预防措施。

（2）养老护理员需定期对老年人进行防坠床、跌倒的安全教育

1）指导老年人正确使用防坠床、跌倒的装置或器具，如走廊扶手、卫生间防跌倒装置、拐杖等。

2）指导老年人通过饮食及行为习惯锻炼不易跌倒、骨折的身体，如每日适量饮水、晒太阳、起床或久蹲、久坐后站立动作要缓慢等。

3）指导老年人正确穿衣、穿鞋，如不穿裤脚过长的裤子、穿防滑鞋等，并熟悉病床、轮椅、平车或辅助工具的安全使用原则。

4）指导老年人若身体不方便或已坠床、跌倒时如何及时寻求帮助，如知晓呼叫器、报警装置的具体位置和具体使用方法等。

（3）养老服务机构应重视环境安全管理

1）保持环境的整洁，光线和照明符合老年人的生理及心理特点，使周围环境的视觉效果不影响老年人的安全。

2）保证居室通道和走廊无障碍物，斜坡、电梯、走廊沿墙设置扶手，床边加护栏或在睡床周围加软垫。

3）对地面进行防滑处理，有台阶的地面用荧光带做醒目标识，转弯处应有适当照明。

6. 老年人发生坠床、跌倒的报告及处理

（1）养老护理员应立即到达现场，评估周围环境并妥善处理，避免进一步伤害，同时呼救，寻求更多帮助。

（2）若养老服务机构设有医疗单元，养老护理员应协助医生检查老年人的情况，陪护老年人做相应检查及治疗，安慰老年人。

（3）养老护理员应及时告知家属，做好沟通。

（4）养老护理员应认真记录老年人坠床、跌倒的经过及救治过程，认真填写"意外事件报告表"。

7. 皮肤压疮管理制度

（1）由评估组对老年人进行入院评估并填写"压疮评估量表"。

（2）对可能发生压疮的高危老年人，养老护理员应采取正确护理措施，密切观察、及时准确记录，定期填写"压疮高度危险及压疮报告表"并上交相应部门。

（3）养老护理员一旦发现老年人有压疮，无论是院内发生还是院外带入均应登记，并在规定时间内报告相关管理部门。

（4）有条件的养老服务机构可以成立压疮质控管理小组，跟踪压疮情况，记录并评价结果。

8. 病床、轮椅和平车的安全使用制度

（1）病床的安全使用制度

1）养老护理员应掌握正确使用病床的方法：常见病床分为非电动与电动两种类型。需注意推动电动病床时拔除电源并将电源线放置在合适的位置。

2）除转运状态外，床脚的轮子必须保持上锁状态。

3）养老护理员需要向老年人及家属解释使用床挡的目的及必要性。

4）维修部门应按要求定期到各使用部门进行预防性维修，对使用中发生故障的病床及时进行修理。

（2）轮椅和平车的安全使用制度

1）轮椅和平车应存放在指定区域。

2）运送老年人前，养老护理员应协助老年人处于安全、舒适的体位。

3）特别注意用平车转运老年人时，必须有床挡保护。

4）使用前养老护理员应认真检查、核实轮椅与平车功能是否完好，若有损坏应及时通知相关部门修理。

9. 约束器具使用制度

本制度所涉及的约束是在紧迫情况下采取的措施，并且具有迫切性、不可代替性、一时性的特征，使用时遵循短期使用、随时评价、记录的原则。

（1）只能在老年人出现危及自身安全、诊疗操作安全，且其他帮助性措施无效的情况下使用，以减少因意识改变造成自我伤害。

（2）使用前应进行严格评估，取得老年人或其家属、监护人同意后，方可实施操作。

（3）使用过程中要密切观察、预防并发症及意外情况，并做好记录，包括约束器具使用的类型、部位、观察结果、开始及终止时间。

（4）使用约束器具指征消失后及时解除并记录。

（5）养老护理员应定期参加约束器具使用方法、原则、注意事项等相关内容的培训，能正确使用约束器具，以便在发生火灾或其他紧急状况时易于取下。

10. 自杀或其他行为紊乱者防护制度

（1）养老护理员发现或怀疑老年人存在或有潜在的自杀意图、精神异常或暴力行为时，应及早制止，同时按流程上报。

（2）养老护理员应稳定老年人的情绪，积极采取有效防范措施，追查原因及诱因，视情节采取相应防范措施。

（3）养老护理员可尝试主动与老年人沟通，了解老年人需求，满足其合理要求。密切关注老年人病情及心理动态，及时发现精神异常或潜在行为紊乱倾向。

（4）若老年人发生自伤或伤及他人身体及性命，毁坏公物，攻击性行为突出，造成严重后果的，养老服务机构可寻求公安机关帮助。

11. 离院、失踪管理制度

（1）入住养老服务机构的老年人不得擅自离开机构，养老护理员应该告知老年人，并有相应记录。

（2）老年人外出需请假，并由养老护理员告知家属，做好登记后方可外出。

（3）养老护理员根据照护等级按规定巡视老年人房间，对情绪和活动异常的老年人要重点观察，及时发现有潜在出走倾向的老年人并采取有效措施。

（4）若老年人不慎走失，养老服务机构应立即发动工作人员在院内寻找，并及时按规定上报；若老年人确实不在院内，养老服务机构应及时联系家属，必要时通知当地公安机关协助寻找。

（5）有条件的养老服务机构可以安装和运用一些防走失设备协助工作，防止老年人走失。

12. 用药安全管理制度

（1）养老服务机构应根据实际情况设立药房或储备一定数量的常用药，药品根据种类与性质应分类、定位放置，并有明显标识，定期检查药品质量。

（2）若养老服务机构设有医疗单元，应严格执行用药原则，根据医嘱用药。养老护理员应准时给药，发口服药时必须送药到口，以免老年人误食，并注意观察其用药后的反应。

（3）有吞咽障碍或有噎食危险的老年人，要防止其发生呛噎；有忧郁、自杀倾向的老年人，要防止其弃药、藏药或一次性大量服药。

13. 老年人隐私保护制度

（1）养老护理员必须将保护老年人隐私作为职业道德、行为规范的重要项目并严格执行。

（2）安排老年人入住时，应同性别同室（夫妻共住除外）。

（3）因医疗或照护需要，需进行老年人隐私部位的治疗或操作时，必须采取遮挡措施，保护老年人隐私。

（4）不得私拆或偷看老年人信件（包括电子类个人聊天记录）、财物等。

（5）对老年人及第三方的登记信息（包括身体或心理疾病）应严格保密，不得以任何手段、方式利用登记信息谋取个人利益。

14. 探视陪伴制度

（1）养老护理员应鼓励家属多陪伴老年人，尤其在老年人病情严重、临终时期。

（2）养老护理员应提醒陪伴或探视者遵守机构各项规章制度。

（3）将老年人带离至机构外时，养老护理员应向当班人员说明并做好记录。

（4）如违反机构规定或影响机构治安，经说服教育无效的家属，可停止其探视，并与有关部门联系处理。

15. 手卫生规范与质量监督制度

（1）养老护理员应严格按照洗手要求进行规范洗手，并确保消毒剂的有效使用浓度。

（2）养老服务机构应定期进行手的细菌学检测；不定期检测养老护理员手卫生的依从性，对存在的问题提出改进意见。

16. 健康教育制度

（1）由养老服务机构制定健康教育方案，定期开展宣传、教育工作，并由专人负责组织和管理。

（2）根据老年人的具体情况采用不同的方法，宣传疾病防治、康复急救等知识。

17. 消防安全管理制度

由养老服务机构按照《中华人民共和国消防法》的规定建立消防安全定期检查、自查自纠及第三方评估制度，对日常消防安全管理进行安全评价，并实施有效监控。

18. 事故处理与报告制度

（1）工作人员发生意外或可能引发意外的过失行为后，应按要求逐级上报。

（2）发生重大疫情，养老服务机构应及时向机构属地疾病预防控制机构报告，在应急处置过程中，要及时续报有关情况。

（3）当班养老护理员、护士应根据要求填写"老年人意外事件报告表"，详细说明事件发生经过，认真填写表格上的各项内容，报表填妥后上交管理员，管理员根据事件性质的严重程度，按规定时间上报管理部门。

二、安全防范设备

完善的设施设备是养老服务机构正常运营的基础和保障，养老服务机构应高度重视。

1. 常见的安全管理设备

随着人工智能的迅速发展，先进的安全管理设备也不断推新。智能监护、定点提醒护理、智能尿湿提醒、脱离监控报警、防摔倒报警、自动化管理、监测老年人心率和体温等管理设备对养老护理员也提出了更高的要求。此外，站立行走架、智能扩音老年人电话、指环式鼠标、矫形器和假肢、截瘫支具等辅助器具的作用在老年人的安全管理中也不可忽视。

2. 设施设备安全要求

（1）养老服务机构建筑在正式投入使用之前，应通过公安消防机关的消防验收,并符合《养老机构服务质量基本规范》的相关规定。

(2) 养老服务机构配套服务设施配置应严格按照《老年人照料设施建筑设计标准》执行,老年人居室配置的各种设施设备应安全、稳固。

(3) 养老服务机构不应损坏、挪用或擅自拆除、停用消防设施、器材,不应埋压、圈占、遮挡消火栓或者占用防火间距,不应占用、堵塞、封闭疏散通道、安全出口、消防车通道。

(4) 养老服务机构的门窗不应有影响逃生和灭火救援的障碍物;消防设施、器材应定期组织检验维修,确保其完好、有效。

(5) 养老服务机构应按规定正确选用各类用电产品的规格型号、容量和保护方式,不应擅自更改用电产品的结构、原有配置的电气线路以及保护装置的整定值和保护元件的规格等。

(6) 养老服务机构使用的燃气灶、热水器和壁挂炉等燃气器具应经有资质的检验机构检验合格,使用燃气的设备及场所应设可燃气体报警装置。

(7) 养老服务机构特种设备及电梯的使用和维护应遵守相关规定。

(8) 养老服务机构内若有健身器材,应定期进行清洁、润滑、调整、检查并维护,并做好记录,发现情况异常,应及时处理。

(9) 养老服务机构应对存在危险因素的部位和在紧急情况下使用的通信设备等设置安全标识,安全标识牌使用要求应符合规定。

(10) 安全出口、疏散通道和楼梯口应设置灯光疏散指示标识,安全玻璃门、玻璃墙应有警示标识并设置在显眼位置。

(11) 养老服务机构若设有监控设备,应做到重点、公共区域全覆盖。应有监控系统控制室,并应有专职人员24小时值班。

第3节 养老服务机构的安全管理模式与意外事件的防范处理

熟悉养老服务机构的安全管理模式
掌握养老服务机构意外伤害事件的防范措施

养老服务机构应不断探索适合本机构的安全管理模式，落实安全管理的措施和程序，注重安全管理的效果，力争使老年人的安全得到更好的保障。

具体的安全管理模式包括以下几方面。

一、建立安全管理组织体系

养老服务机构应建立安全管理部门，负责本机构的安全管理工作。养老服务机构的安全责任人可以是机构法定代表人或主要负责人，负责组织制定各种意外事件应急预案、处理意外事件，定期召开安全会议。各照护单元可指定一名人员作为专职或兼职的本单元安全负责人。

二、完善安全管理制度

养老服务机构常见的安全管理制度包括但不限于安全责任制度、安全教育制度、安全操作规范或规程、安全检查制度、事故处理与报告制度、突发事件应急预案、医疗护理安全管理制度、考核与奖惩制度、潜在事故预防管理制度等。各养老服务机构可以根据机构实际情况进行完善和调整。

三、落实安全防范措施

尽管养老服务机构制定了一系列安全管理制度，但要落到实处，还需加强全体人员责任心的培养，提高全体人员的安全意识，利用各种形式对员工进行安全教育，让安全管理制度和应急处理流程深入人心，确保入住老年人的安全。

四、建立安全培训体系

养老服务机构应建立完善的培训体系，定期进行安全培训，让员工熟悉意外事件的紧急处理方法，定期进行潜在风险评估和分析，将安全管理相关知识、技能纳入培训中，定期考核突发事件的应急处理流程、安全事故上报流程等。此外，稳定的员工团队是安全培训体系重要的组成部分，养老服务机构可外送养老护理员参观学习、进行学术交流、开展课题研究，逐步建立养老护理员的职称评审体系等，让专业队伍自身能够看到发展、愿意参与机构的安全管理和培训也是十分重要的。

五、制定意外事件处理预案

减少意外事件的发生，预防是关键，意外事件处理预案就显得必不可少。常见的跌倒、烫伤、噎食、坠床、走失、自杀及火灾意外等的应急预案，所有员工必须反复训练、熟练掌握，为快速、有效、有序的应急处理奠定良好的基础。

六、落实安全教育

根据民政部发布的《养老机构安全管理》行业标准，安全教育与培训内容至少应包括：安全工作所涉及的法律、法规和规章；本部门或岗位的安全管理制度和操作规范或规程；设施设备、工具和劳动防护用品的使用、维护和保养知识；安全事故的防范意识、应急措施和自救互救知识；应急预案的演练；法律、法规规定的其他内容，以及《养老机构消防安全管理》制度的培训。同时，应该定期对老年人进行形式多样的、有关老年人自身安全的健康教育活动。

七、完善养老服务机构环境和设施建设

养老服务机构硬件设施要符合《老年人照料设施建筑设计标准》，根据老年人的具体情况配备安全辅助用具，帮助老年人采取行之有效的措施来预防安全问题的发生。机构内应定人、定期对环境和设施进行安全检查与维护，保障老年人安全。有条件的养老服务机构也可以以"持续照料退休社区"的养老模式完善机构环境和进行设施建设。

八、养老服务机构意外伤害事件的防范措施

意外伤害事件包括意外伤害和意外事故。老年人在入住养老服务机构期间发生的、未曾预料的突发事件，通常导致老年人躯体和精神伤害，称为"意外伤害"。意外事故是指造成人员伤亡或重大财产损失的事件。意外伤害事件的防范措施主要有以下几个方面。

1. 完善制度，加强行业管理

养老服务机构需要建立、健全事故的预防管理机制，健全各项规章制度，确保消防、食品、医疗服务、环境设施等各类安全措施的落实，从制度上保障入住老年人的安全。同时，按照相关法律、法规，加强养老服务机构运营的安全保障。

2. 完善硬件，加强安全防范

在新建、改建和扩建中严格、认真执行养老服务机构的设计和施工标准，要充分考虑老年人的生理特点及其对设施、设备和场地的特殊要求，并且定期检查、消除隐患，最大程度地避免事故发生。

3. 提高素质，增强员工意识

养老服务机构通过定期培训、考核等方式增强全员的安全意识。管理人员要高度重视养老护理员的职业规划和晋升，这对稳定队伍、提升素质有着助推作用。只有培训到位、意识到位，遇到可能存在的安全隐患进行积极干预，才能把风险降到最低。

4. 加强沟通，征得家属理解

养老服务机构要有意识地培养员工，尤其是一线的养老护理员与老年人及

家属的沟通能力。机构也可以根据具体情况设置专门与家属沟通的部门或人员，定期与家属进行沟通与交流、节假日问候等。入住时应对老年人在养老服务机构内极易发生的不安全事件进行告知，以得到家属对养老服务工作的理解和体谅，理性看待伤害事故的风险，一旦发生不安全事件一定及早告知家属，不要隐瞒。

5. 建立常见事故处理预案和应急处理流程

养老服务机构应设置安全应急管理部门或人员，专门负责组织、协调应急处置工作，对常见的安全事故形成成熟的应急处理预案与处理流程，并组织全体员工定期进行培训、演练、考核、评价。根据实际情况建立安全突发事件监测、预警系统，完善监测、预警机制，加强对监测工作的管理和监督，保证监测质量。各类应急预案和应急处理流程应在实践中不断补充和完善。

第 6 章

养老服务机构内部培训的实施与管理

第 1 节 培训与培训师

了解养老服务机构内部培训的概念
熟悉养老服务机构内部培训的分类
熟悉养老服务机构内部培训的目的和作用
了解养老服务机构培训师所具备的能力和主要工作职责

一、培训

1. 培训及养老服务机构内部培训的概念

培训是一种有组织的知识、技能、标准、信息、信念的传递和管理行为。目前国内培训以技能传递为主，时间侧重在上岗前。为了达到统一的规范、标准化作业，通过目标规划设定、知识和信息传递、技能熟悉演练、作业情况评测、结果交流公告等现代信息化的流程，让员工通过一定的教育训练技术手段，达到预期的水平。能够提高目标，提升战斗力和个人能力、工作能力的训练都称为培训。

养老服务机构的内部培训是指给新入职机构的员工或现有员工传授其完成本职工作所需的正确思维认知、基本知识和技能的过程。简而言之，养老服务机构的内部培训就是内部教学，即对养老服务机构日常运营过程中的某项技能的教学服务。

2. 养老服务机构内部培训的分类

（1）理念培训。理念培训是指使机构员工在思维方式和观念上发生转变，树立与外界环境相适应的新观念和思维方式的培训，侧重于培养从新的角度看机构日常运营管理过程中问题的能力。

（2）心态培训。心态培训应该作为培训的中心和重心。养老服务机构的服务对象是特殊人群（老年人），工作性质具有特殊性和高强度性，更应加强员工的心理适应能力。心态培训旨在改善机构员工的心态，从而为完成某项任务创造心理条件。

（3）个人技能培训。机构内部的个人技能培训种类繁多，是针对不同岗位的需求，对员工进行的岗位能力培训，组织方可以是本部门也可以是培训部。

（4）个人综合素质培训。个人综合素质培训的出发点是机构对员工素质方面的要求，主要包括社会适应性、个人工作态度和工作习惯等素质培训，是员工提升个人能力的基础。

3. 养老服务机构内部培训的目的

（1）导入和定向。导入和定向即引导新进员工进入组织，熟悉和了解工作职责、工作环境和工作条件，并适应企业外部环境的发展变化。养老服务机构的发展是内外因素共同作用的结果。一方面，机构要充分利用外部环境所给予的各种机会和条件抓住时机；另一方面，机构也要通过自身的变革去适应外部环境的变化。

养老服务机构的日常运营是动态的，机构必须不断培训员工，使其适应新技术、掌握新理念，才能使员工适应机构发展的需要。

（2）提高员工绩效和企业效率。培训的最终目的可以归结为一条，即通过提高员工工作绩效从而提高企业效率，促进员工个人全面发展与养老服务机构的可持续发展。现代养老服务机构的高速发展对人力资源总体素质提出了新的要求，员工应具有竞争性、学习性、创新性、团队精神等特征。从个体来说，员工要满足养老服务机构对人力资源的要求，必须参加培训，接受继续教育。机构通过科学合理的培训，提高了员工适应性，提升了员工在知识、技能、效果和态度四个方面的能力,为其进一步发展和承担更重要的职责创造条件,从而满足员工自我成长的需要,提升员工价值。

(3) 提高管理者的素质。通过培训高层次管理人员的思想素质和管理水平,使之更新观念,改善知识结构,适应组织变革和发展的需要。

4. 养老服务机构内部培训的作用

(1) 补偿作用。养老服务机构内部培训有支持经营技能的补偿作用,培育机构内部文化的目的是为了实现机构经营战略。由于机构会在经营过程中不断追求更高的利润增长率,只有恰当地利用人力资源,才能取得更高的劳动生产率,而技能培训对员工和机构的发展极为重要。

(2) 保持机构的市场竞争力。高素质的员工队伍是养老服务机构最重要的竞争因素。通过培训,可以提高员工的知识水平和创新能力。

(3) 提高生产力。机构的员工通过有效培训,在提供服务时,能减少所需工作时间,从而降低人力成本;减少材料的浪费和不良产品的生产,从而降低供应成本;改进了机构将服务输送到老年人和家属手中的方法,因而降低服务成本。

二、培训师

1. 养老服务机构内部培训师的概念

随着养老行业的飞速发展,养老服务机构出现了诸多新的问题,其中员工素质不高的问题尤为突出,包括观念陈旧、知识老化、技能缺乏等,员工素质不能适应养老行业和养老服务机构发展的新需求,全面提高员工素质,提高养老服务机构的竞争力,成为当务之急。借鉴国外的先进经验并结合我国的实际,可以得出一个结论:大力发展职业教育,开展养老服务机构员工内部培训是提高员工素质的重要措施。开展员工培训,提高员工素质,首先应提高培训师的素质,因此,建立养老服务机构内部培训师制度对于做好培训工作,提高员工素质有着重要的意义。

养老服务机构培训师是指能够结合养老行业新技术、新知识和新理念,研究开发针对岗位能力提升的培训项目,以及根据养老服务机构运营的实际需要,掌握并运用现代培训理念和手段,策划、开发培训项目,制订、实施培训计划，并从事培训咨询和教学活动的人员。

2. 养老服务机构内部培训师的职业能力特征

一名合格的养老服务机构内部培训师应具备以下几点职业能力。

（1）学习能力。学习能力是所有能力的基础，是指观察和参与新的体验、把新知识融入已有的知识，从而改变已有知识结构的能力。

（2）创新能力。创新能力是指在技术和各种实践活动领域中不断提供具有经济价值、社会价值、生态价值的新思想、新理论、新方法和新发明的能力。当今社会的竞争，与其说是人才的竞争，不如说是人们创造力的竞争。

（3）表达能力。表达能力是在语言能力基础上发展而来的一种能力，是交际能力的重要组成部分之一。表达能力又叫作表现能力或显示能力，是指一个人善于把自己的思想、情感、想法和意图等，用语言、文字、图形、表情和动作等清晰、明确地表达出来，并善于让他人理解、体会和掌握。

（4）研究开发能力。研究开发能力是指各种研究机构、企业或个人为获得科学技术（不包括人文、社会科学）新知识，创造性运用科学技术新知识，或实质性改进技术、产品和服务而持续进行的具有明确目标的系统活动。研究开发能力包含四个基本要素，即创造性、新颖性、科学方法的运用、新知识的产生。

（5）写作能力。写作能力是语言能力的一种，指个体的书面语言表达能力。关于其结构，心理学家有不同的理解。从定性分析的角度，有人认为它包括写作思维、观察分析、选词选句、谋篇布局、模仿范文等能力；有人认为它包含审题、立意、搜集材料、选材和组材、语言表达和修改作文等能力。"文如其人，人如其文"，可见写作在职场的重要性。

（6）沟通协调能力。沟通协调能力是指管理者在日常工作中妥善处理好上级、同级、下级等级别间的关系，使其减少摩擦，能够调动各方面工作积极性的能力。

3. 养老服务机构内部培训师的主要工作职责

（1）制定培训规划和计划。协助机构内部培训部门进行培训需求调研工作，参与制定培训的具体规划、实施计划和实施方案，协助进行培训课程管理，确保培训计划符合培训需求。

（2）培训资源管理。根据机构内部培训需求，在培训主管的指导下，收集、评估相关课程、学习资料；开拓并维护新的培训渠道，确保培训资源的丰富性与适用性。

（3）培训授课。了解机构内部员工的需求，全程参与培训授课，编制培训讲义、做好备课工作、丰富课程内容、设计课程结构、做好现场把控，根据课程反馈不断完善培训课程。

（4）培训效果总结。做好培训记录并跟进培训后的效果反馈。分析总结培训工作，提出培训管理与课程完善合理化建议。对培训效果进行评估，并提交分析报告。

第 2 节　培训前的准备工作

了解备课的重要性

掌握备课的方法

掌握教案的编写方法

能够选择正确的培训方法

一、备课

1. 备课的概念

备课是培训师根据不同培训课程的标准、要求和特点，结合学员的具体情况，选择最合适的表达方法和顺序，以保证学员有效学习的过程。备课分个人备课和集体备课两种。个人备课是培训师自己钻研学科课程标准和教材的活动；集体备课是由相同学科和相同年级的培训师共同钻研教材，解决教材的重点、难点和教学方法等问题的活动。备课的内容有课程标准、教材、学员、教法、学法等。

2. 备课对培训的意义

从教学规律得知：学员是教学的主体，教学为学员服务。离开学员的教学，培训师教得再好也毫无意义。但是现在培训师的备课多数备的是"教案"，培训师只关注自己在课堂上如何讲，而没有关注学员在课堂上如何学，把学员当成了知识的容器。培训师课前的备课在课堂教学中显得特别重要。

（1）备课是提高培训效率的前提与基础（备课质量决定培训质量）。让培训师在课堂上的"教"和学员的"学"发挥最大的功效并提高课堂教学效率的基础就是认真备课，备课的深度和广度直接影响培训的效率。

（2）有效备课能减轻培训过程中学员的负担。备课是一个具有"专业性技巧"的过程，所以培训师只有认真地备课、上好课，才能减轻学员的学习负担，以较小的代价换取较大的效果，形成培训过程中的良性循环。

（3）备课是培训师的专业成长之桥。在备课过程中，教学设计能力既是培训师的综合教学能力，又是创新能力，它在培训师教学能力中居于核心地位。培训师专业化发展水平的提高需要脚踏实地、一步一个脚印地"磨课"。

3. 备课的方法

（1）备教材。培训师在"备教材"过程中要着重解决好几个问题：①确定教学目的、任务和要求；②明确培训教材的体系和内容的主次；③突出重点、抓住关键；④注重研究和解决培训教材中的难点，在突破难点时要考虑到学员的实际情况（知识结构、年龄特点和认知规律）。

（2）备学员。培训师在备课过程中不仅要钻研教材，更要重视对学员的了解。培训师要对所教学员的实际状况进行深入的调查研究，对学员的特点要了如指掌，从而使培训教材的处理和教法的选择更加符合学员的实际。培训师在"备学员"的过程中应突出考虑两个问题：一是必须做到最大限度地体现因材施教的原则；二是必须做到最大限度地发展学员的智力和能力。

（3）备练习。培训过程中的练习是教学的重要组成部分，因此，培训师要紧密围绕教学目的、重点和难点精心设计课堂练习，做到有的放矢，注重方法的灵活多样。目前在课堂练习中主要存在这样几个问题：一是重讲轻练，培训师的主导作用"有过之而无不及"，而学员的主体作用显得较为薄弱；二是练习题设计的盲目性很大，缺乏较强的针对性；三是课堂练习的量偏大，学员手忙脚乱，没有留给学员充分的思考时间；四是课堂练习题单调，无层次和坡度；五是培训师在学员练习中忽视矫正错误这一环节，不利于知识的消化和学员良好学习习惯的养成。鉴于此，建议每个培训师在实施课堂练习时注意以下几点：在学员做练习的过程中培训师要注意巡视，及时获取练习的反馈信息；对学员练习中出现的问题要及时讲解，对出现的错误必须纠正；在练习过程中培训师要注意对学习上有困难的学员进行个别辅导，同时也应对有余力的学员辅之以富有思考性或综合运用的题目。

（4）备作业。布置课外作业的目的在于使学员进一步消化和巩固所学的知识和技能，培养学员应用所学知识和技能独立分析问题和解决问题的能力。培训师在"备作业"时要注意以下几点：一是要根据教学大纲的要求和教材的内在逻辑体系来确定课外作业；二是在内容上要做到由简到繁、由易到难，在形式上做到由模仿到独创、由典型到变式，充分体现循序渐进的原则；三是要注意把掌握知识与训练技能相结合，做到通过作业掌握知识、通过作业训练技能；四是作业要适量，作业的布置要少而精，作业的重点应针对学员易混淆、易忽视的教学重点内容；五是难度要适当，培训师在布置作业时要充分考虑到学员的层次性，要做到难易适度，体现出梯度，并提倡针对不同学员的不同水平布置不同的作业。

4. 培训师在备课过程中应注意的几个问题

（1）培训师在备课过程中，要更多地注重教学对象的可接受性。培训师在备课时必须充分考虑到自己的教学对象即所教学员的特点和接受能力，要努力使培训教材中的重点和难点内容容易被接受。任何好的教学方法一旦脱离了与其适应的教学对象，都变得毫无意义。

（2）培训师在备课时要充分考虑自身实际。备好课，不一定能讲好课，因此培训师备课必须以自己依此能讲好课为首要前提。每个培训师的知识结构、个性品质和思维方式都各有特色，不可盲目效仿或生搬硬套。

（3）培训师在备课过程中要注重教学活动的教育性。教学不仅仅要传授知识和训练技能，还要促进学员全面发展。因此，培训师备课时不仅要考虑到使学员掌握知识技能，还要注重在培训过程中使学员养成良好的职业道德和个性品质，自觉做到既教书又育人。职业道德的课堂渗透绝不能是生硬的、穿靴戴帽式的，而必须是春风化雨、潜移默化式的，只有在培训中以身作则、钻研渗透艺术，才能真正产生"润物无声"的效果。

二、编写教案

1. 教案的概念

教案是培训师为顺利而有效地开展教学活动，根据教学大纲和教科书要求及学员的实际情况，以课时或课题为单位，对教学内容、教学步骤、教学方法等进行的具体设计和安排的一种实用性教学文书。教案包括教材简析和学员分析、教学目的、教学重（难）点、教学准备、教学过程及练习设计等。

2. 编写教案遵循的原则

编写教案要依据培训教材，从学员实际情况出发，精心设计。一般要符合以下要求：明确地制订教学目的，合理地组织教材，突出重点、解决难点，便于学员理解并掌握系统知识；恰当地选择和运用教学方法，调动学员学习的积极性，同时注意培养优秀生和提高后进生，使全体学员都得到发展。

教案的编写应符合以下特征。

（1）科学性。科学性是指培训师要按培训的内在规律，结合学员实际来确定教学目标、重点、难点，设计教学过程，避免出现知识性错误。

（2）创新性。培训教材往往不一定更新及时，培训课怎么上全凭培训师的智慧和才干。尽管备课时要去学习大量的参考材料，充分利用教学资源、吸取同行经验，但课需要培训师亲自去上，这就决定了教案要培训师自己来写。培训师备课也应该经历一个相似的过程，从课本内容变成胸中有案，再落到纸上，形成书面教案，继而到课堂实际讲授，关键在于培训师要能"学百家，树一宗"，在自己钻研培训教材的基础上，广泛地涉猎多种教学参考资料，结合个人的教学体会，巧妙构思、精心安排，从而写出独具特色的教案。

（3）差异性。由于每位培训师的知识、经验、特长、个性是千差万别的，而培训又是一项创造性的工作，因此写教案也就不能千篇一律，要发挥每个培训师的创造力，结合本地区的特点因材施教。

（4）艺术性。教案的艺术性是指构思巧妙，让学员在课堂上不仅能学到知识，而且得到艺术的欣赏和快乐的体验。教案要成为一篇独具特色的"课堂教学散文"或者是"课本剧"，所以，教案的开头、经过、结尾要层层递进，扣人心弦，达到立体教学效果。

(5) 可操作性。培训师在写教案时,一定要充分考虑从实际需要出发,实现教案的可行性和可操作性。

(6) 可变化性。由于教学面对的是一个个有思维能力的学员,又由于每个人的思维能力不同,对问题的理解程度不同,常常会提出不同的问题和看法,培训师不可能事先都预料到。在这种情况下,教学进程常常有可能脱离教案所预想的情况,因此培训师要根据学员的实际,改变原先的教学计划和方法,满腔热忱地启发学员的思维,针对疑点积极引导。为达到此目的,培训师在备课时,应充分考虑到学员在学习时可能提出的问题,确定好重点、难点、疑点和关键点。如果出现打乱教案计划的现象,不要紧张,要因势利导,耐心细致地培养学员的进取精神。一个单元或一堂课的教学目标是在教学的一定过程中逐步完成的,一旦出现偏离教学目标或教学计划的现象,可以在整个教学进度中去调整。

3. 教案的作用

在实际教学活动中,教案起着十分重要的作用。编写教案有利于培训师弄通教材内容,准确把握教材的重点与难点,进而选择科学、恰当的教学方法,有利于培训师科学、合理地支配课堂时间,更好地组织教学活动,提高教学质量,收到预期的教学效果。

教案实例

第一节　教老年人使用拐杖进行活动

教学目标:

1. 了解拐杖的作用和种类。

2. 掌握利用拐杖行走的方法。

3. 掌握老年人户外活动时预防跌倒的知识。

4. 能够教会老年人正确使用拐杖。

教学难点:

1. 利用拐杖步行的方法。

2. 预防老年人跌倒的知识。

教学方法:讲授法、讨论法、现场教学法、练习法、角色扮演法、情景模拟法。

课时安排：6课时。

教学过程：

1. 拐杖的概述

（1）拐杖的种类。

（2）拐杖的结构。

（3）拐杖的主要作用。

2. 利用拐杖步行

（1）拐杖高度的选择。老年人穿上鞋或下肢支具站立，肘关节屈曲150°，腕关节背伸，小趾前外侧15 cm处至背伸手掌面的距离即为手杖的高度。站立困难时可采取仰卧位测量。

（2）利用拐杖步行的方法

1）三点步行。伸出拐杖，先迈出患足，再迈出健足。

2）二点步行。同时伸出手杖和患足并支撑体重，再迈出健足，手杖与患足作为一点，健足作为一点，交替支撑体重。

3）利用拐杖上下楼梯

①上楼梯：健侧手扶楼梯扶手→手杖放患侧→健侧下肢迈上一级台阶→将手杖上移，最后迈上患侧下肢。

②下楼梯：健侧手扶楼梯扶手先向前、向下移动→手杖下移一级台阶→患侧下肢向下移动→健侧下肢下移。

3. 老年人预防跌倒的知识

（1）保持活动场地地面平整、干燥、无杂物。

（2）选择适当的辅助工具。

（3）衣服要舒适、鞋子要防滑。

（4）活动时避免走过陡的楼梯或台阶，尽可能使用扶手。

（5）起床、下床、转身、转头等动作要慢。

（6）避免去拥挤、湿滑的地方。

（7）避免去他人看不到的地方独自活动。

（8）避免睡前饮水过多，尽量放置床旁小便器。

4. 实践技能操作

（1）工作准备。

（2）检查拐杖。

（3）保护步行。

（4）反馈。

注意事项：

1. 告知老年人使用拐杖的注意事项。

2. 遵从医生对拐杖的选择和步行的指导。

3. 拐杖应放置在老年人随手可及的固定位置。

4. 行走中避免拉、拽老年人胳膊，以免造成老年人跌倒和骨折。

三、选择合适的培训方法

目前的教学方法种类很多，如讲授法、发现法、问题法、讨论法、观察法、实验法等，这些教学方法各有优点。某节课可能只运用一种方法即可达到良好的效果，而另一节课就可能需要运用多种方法。另外，从学员的角度讲，不同的教学对象，即使是相同或相近的知识点，也必须采取不同的教学方法。因此，每个培训师在选择教法时切忌生搬硬套，而应注重研究所选用的教法是否能更好地体现愉快教育的原则，是否能充分调动学员的积极性和主动性。只有从教学内容出发、从学员实际出发，才能真正设计出灵活、适用、奏效的优良教法，才能真正体现出每个培训师自身的教学特色，否则，即使已被众多培训师公认的教法，如果孤立、机械地运用也都难以奏效，甚至适得其反。

四、确定培训步骤

1. 讲

"讲"就是告诉学员，作为培训师要求他们做什么、学会什么，期望他们今后在职场的行为做事应达成什么样的状态，这是一种概念的传递，让学员知其所以然，而不是直接教他们怎么做，这样，在限定条件有所变化时，学员会根据自己对这些概念、原则的参悟，灵活应对。

2. 教

"教"就是建议或要求学员如何做，以达到培训师所期望的培训要求。教，可以是面对面地分析，达成目标路径中可能遇到的各种困难，提出解决问题的新思路,教会学员新方法、新技能,以解决造成瓶颈的技术问题;也可以是做情景、个案示范,做实际操作示范。但"教"这一步骤不要暗示学员所教的是唯一的方法,绝无它途。条条道路通罗马,应比较各种道路的成本与收益,最终选择一条令人满意的方案。不过,虽然方法不止一个,培训师所教的不见得是最好的方法,但对于标准化的操作流程,不是什么人都可以根据自己的最优判断随意更改的,未被授权的员工只能有建议合理化改进措施的权利,而不可以自作主张执行或不执行现有流程。

3. 做

很多事情看着容易做起来难,操作的时候会发现别人动作很和谐,自己却总是别别扭扭,丢三落四。这就要求学员对操作性很强的内容进行反复的练习,初学者还应将一个连贯的动作分解出好几步,如护理技能的标准动作。

4. 查

"查"是指检查学员正规操作时是否合格。检查的规律要前紧后松。学员刚刚操作的时候,检查的频率要高些,越到后面频率越低。查的过程中可能会发现学员并没有参透前几步骤的内容,应给他简单重复一下这些步骤。学习不可能一蹴而就,要有所收获,需要不断重复地训练。

这四个步骤不是一成不变的,要依受训人的领悟能力、所学事项的复杂程序而定。这四个步骤并非只对培训师有用,对于上级指导下属工作和学员学习新的知识都有参考意义。

第 3 节　加强和优化培训效果

了解培训评估的概念、作用和内容
掌握培训评估的流程
掌握提升企业培训评估质量的要点

一、培训评估的概念、作用和内容

1. 培训评估的概念

培训评估是培训工作的最后阶段，是指收集培训成果以衡量培训是否有效的过程。培训评估是培训管理流程中的一个重要的环节，是衡量企业培训效果的重要途径和手段。通过培训评估，管理者可以知道学员知识的更新程度和学员工作表现的变化。同时，企业可以对当年的培训效果进行反馈，对下一年度的培训工作起借鉴作用。

广义的培训评估是指对培训项目、培训过程和效果进行评价。培训前评估是在培训前对受训者的知识、能力和工作态度进行考察，作为培训者编排培训计划的根据。培训前评估能够保证培训项目组织合理、运行顺利，保证受训者对培训项目的满意度。培训中评估是指在培训实施过程中进行的评估。培训中评估能够控制培训实施的有效程度。培训后评估是对培训的最终效果进行评价，是培训评估中最为重要的部分，目的在于使企业管理者能够明确培训项目选择的优劣，了解培训预期目标的实现程度，为后期培训计划、培训项目的制定与实施等提供有益的帮助。

2. 培训评估的作用

（1）培训前评估的作用：①保证培训需求确认的科学性；②保证培训计

划与实际需求的合理衔接；③帮助实现培训资源的合理配置；④保证培训效果测定的科学性。

（2）培训中评估的作用：①保证培训活动按照计划进行；②有助于培训执行情况的反馈和培训计划的调整；③有助于科学解释培训的实际效果。

（3）培训后评估的作用：①有助于树立结果为本的意识；②有助于扭转目标错位的现象；③是提高培训质量的有效途径。

3. 培训评估的内容

（1）培训效果反应评价：主要通过学员的情绪、注意力、赞成或不满等对培训效果做出评价。效果反应的评估主要通过收集学员对培训内容、培训教师、教学方法、材料、设施、培训管理等的反应情况，进行综合评价。

（2）学习效果评价：主要检查通过培训学员学到了什么知识，及其掌握知识的程度，培训内容方法是否合适、有效，培训是否达到了目标要求等。

（3）行为影响效果评价：主要衡量培训是否给受训者的行为带来了新的改变。安全教育培训的目的是使受训者树立安全意识，改变不安全行为，提高安全技能。因此，评价培训的效果应看受训者在接受培训后其工作行为上发生了哪些良性的、可观察到的变化，这种变化越大，说明培训效果越好。

（4）绩效影响效果评价：工作行为的改变将带来工作绩效的变化，例如，受训者安全意识和安全技能提高后，以及不安全行为改变后，相应的工作绩效体现就是违章减少、安全事故降低、事故损失减少等。

二、培训评估的流程

一般来说，培训评估包括以下 6 个步骤。

1. 分析培训需求

进行培训需求分析是培训项目设计的第一步，也是培训评估的第一步。培训需求分析中所使用的最典型的方法有访谈法、调研法和问卷调查法。调查的对象主要集中在未来的受训人员和他们的上司，同时，还要对工作效率低的管理机构及员工所在的环境实施调整，从而确定环境是否也对工作效率有所影响。

2. 确定评估目的

在培训项目实施之前，人力资源开发人员就必须明确培训评估的目的。多数情况下，培训评估的实施有助于对培训项目的前景做出决定，对培训系统的某些部分进行修订，或是对培训项目进行整体修改，以使其更加符合企业的需要。例如，培训材料是否体现公司的价值观念，培训师能否完整地将知识和信息传递给受训人员等。

3. 建立培训评估数据库

进行培训评估之前，企业必须将培训前后发生的数据收集齐备，因为培训数据是培训评估的对象。培训数据按照能否用数字衡量的标准可以分为硬数据和软数据。硬数据是改进情况的主要衡量标准，以比例的形式出现，是一些易于收集的无可争辩的事实，这是最需要收集的理想数据。硬数据可以分为四大类：产出、质量、成本和时间，几乎在所有组织机构中这四类硬数据都是具有代表性的业绩衡量标准。有时候很难找到硬数据，这时软数据在评估培训项目时就很有意义。常用的软数据类型可以归纳为6个部分，即工作习惯、氛围、新技能、发展、满意度和主动性。

培训数据收集的关键是人力资源开发人员与直线部门人员的良好配合。例如，培训需求来自直线部门，他们知道员工技能的差距，能够指出员工技能改善的方向和预期改善目标。人力资源开发人员只有与直线部门人员配合，才能更好地把握培训方向。收集的数据最好是在一个时段内的，以便进行实际分析比较。例如：前6个月的不满意数量、去年处理的失误次数、上一个季度事故发生的次数、过去年份平均每月的销售成本等。

4. 确定培训评估层次

有关培训评估的最著名的模型是由国际著名学者柯克帕特里克提出的。从评估的深度和难度看，柯克帕特里克的模型包括反应层、学习层、行为层和结果层四个层次。人力资源开发人员要确定最终的培训评估层次，因为这将决定要收集的数据种类。

反应层评估是指受训人员对培训项目的看法，包括对材料、教师、设施、培训方法和内容等的看法。反应层评估的主要方法是问卷调查。问卷调查是在培训项目结束时，收集受训人员对于培训项目的效果和有用性的反应，受训人员的反应对于重新设计或继续培训项目至关重要。反应问卷调查易于实施，通常只需要几分钟的时间，如果设计适当的话，反应问卷调查也很容易分析、制表和总结。问卷调查的缺点是其数据是主观的，并且建立在受训人员在测试时的意见和情感之上。个人意见的偏差有可能夸大评定分数,而且,在培训课程结束前的最后一节课,受训人员对课程的判断很容易受到经验丰富的培训协调员或培训机构的领导者富有鼓动性的总结发言的影响,加之有些受训人员为了照顾情面,所有这一切均可能在评估时减弱受训人员原先对该课程不好的印象,从而影响评估的有效性。

学习层评估是目前最常见、也是最常用到的一种评估方式,它是测量受训人员对原理、事实、技术和技能的掌握程度的方法。学习层评估的方法包括笔试、技能操练和工作模拟等。培训组织者可以通过笔试、绩效考核等方法来了解受训人员在培训前后对知识及技能的掌握方面有多大程度的提高。笔试是了解知识掌握程度最直接的方法,而对一些技能,如养老护理员的实操水平,则可以通过绩效考核来掌握他们技术的提高情况。另外,强调对学习效果的评价,也有利于增强受训人员的学习动机。

行为层评估往往发生在培训结束后的一段时间,由上级、同事或客户观察受训人员的行为在培训前后是否有差别,他们是否在工作中运用了培训中学到的知识。这个层次的评估可以包括受训人员的主观感觉、下属和同事对其培训前后行为变化的对比,以及受训人员本人的自评。这种评估方法要求人力资源部门建立与职能部门的良好关系,以便不断获得员工的行为信息。培训的目的,就是要改变员工工作中的不正确操作或提高他们的工作效率,因此,如果培训的结果是员工的行为并没有发生太大的变化,这也说明过去的培训是无效的。

结果层的评估上升到组织的高度,即组织是否因为培训而经营得更好。这可以通过一些指标来衡量,如事故率、生产率、员工流动率、质量、员工士气以及企业对客户的服务等。通过对这些组织指标的分析,企业能够了解培训带来的收益。例如,人力资源开发人员可以分析、比较事故率,以及事故率的下降有多大程度归因于培训,从而确定培训对组织整体的贡献。

5. 调整培训项目

基于对收集到的信息进行认真分析,人力资源部门就可以有针对性地调整培训项目。如果培训项目没有什么效果或存在问题,人力资源开发人员就要对该项目进行调整或考虑取消该项目。如果评估结果表明,培训项目的某些部分不够有效,例如、内容、授课方式不当,对工作没有足够的影响或受训人员本身缺乏积极性等，人力资源开发人员就可以有针对性地考虑对这些部分进行重新设计或调整。

6. 沟通培训评估结果

在培训评估过程中，人们往往忽视对培训评估结果的沟通。尽管经过分析和解释后的评估数据将转给某个人，但是，当应该得到这些信息的人没有得到时，就会出现问题。在沟通有关培训评估信息时，培训部门一定要做到不存偏见和有效率。

一般来说，企业中有四个群体是必须要得到培训评估结果的。第一个也是最重要的群体是人力资源开发人员，他们需要这些信息来改进培训项目。只有在得到反馈意见的基础上精益求精，培训项目才能得到提高。第二个群体是管理层，他们当中有一些是决策人物，决定着培训项目的未来。评估的基本目的之一就是为妥善地决策提供基础。应该继续为这种努力投入更多的资金吗？这个项目值得做吗？应该向管理层沟通这些问题及其答案。第三个群体是受训人员，他们应该知道自己的培训效果怎么样，并且将自己的业绩表现与其他人的业绩表现进行比较。这种意见反馈有助于他们继续努力，也有助于将来参加该培训项目学习的人员不断努力。第四个群体是受训人员的直接经理。

三、提升培训评估质量的要点

1. 保障培训评估的经费和人力资源的投入

多数的企业没有意识到培训评估的重要作用，即使已经认识到了培训评估具有一定的作用，对它的投入仍然不足。

2. 拓展培训评估的全面性

多数培训评估工作仅仅对培训项目中所授予的知识和技能进行考核，并没有深入到受训者的工作行为及态度的改变、能力的提高、工作绩效的改善和为企业带来的效益等层次上来，即评估工作只停留在初级层次，不够全面。

3. 多形式地进行培训评估

培训评估的方法很多，如事前事后测试法、成本-收益法、控制实验法等。但目前企业培训评估中应用的方法非常单一，如绝大多数企业仅仅是以考试的形式进行培训项目的评估。毋庸置疑，考试固然是一种有效的考核方式，但它在应用上有很大的局限性,并不是所有的评估内容都适合采用考试的形式。

4. 培训评估缺乏系统的记录管理

每次培训工作的具体评估情况缺乏系统记录。评估所用的方法、评估的内容、受训者完成情况、测试的结果等记录大多是零散而无序的,并没有建立起一个培训评估信息系统,因而缺乏系统的管理。而这些都不便于对培训效果进行科学有效的分析,也不利于下一步培训工作的开展。

5. 加强培训的动态评估工作

绝大多数企业仅仅局限于在培训项目刚结束时进行评估,并没有在后续的实际工作中进行评估,或者仅仅局限于对培训项目本身进行评估,而忽略了将培训项目与企业绩效联系起来进行评估,这就使评估与企业实际工作脱节,进而造成培训与实际工作脱节。

附件

培训效果评估表

培训效果评估表	
课程名称：	讲师：
上课时间：	

亲爱的学员：

×××教育培训机构非常感谢您的参与！非常希望能得到您的宝贵意见以改善讲师培训效果和培训组织工作，请您根据客观情况填好下表，谢谢您的合作与支持！

讲师部分满意度调查，请客观评价。

讲师姓名	表达能力（满分20分）	课件准备（满分20分）	针对性（满分10分）	教学方法（满分20分）	达成目标（满分30分）	总分	其他

课程部分满意度调查，请客观评价。

1. 您认为本次培训内容如何？
   □A 非常符合补充受益　　□B 基本符合简单应用　　□C 不合需求、无收获
2. 您认为培训形式如何？
   □A 生动、精彩、交流互动　□B 比较生动、有一定吸引力　□C 呆板、不吸引人
3. 您认为讲师表达清晰准确吗？
   □A 清晰完整　　　　　　□B 一般　　　　　　　　□C 模糊、欠完整
4. 您认为培训时间安排如何？
   □A 时间合理、长短适中　□B 较为合理　　　　　　□C 应给予调整
5. 您认为培训师准备如何？
   □A 准备充分　　　　　　□B 准备良好　　　　　　□C 仓促且经常出错
6. 您认为培训氛围如何？
   □A 活跃，保证学习效果　□B 不是很好，需要改进　□C 氛围很差

续表

7. 培训达到您的预期了吗?
□A 达到或超过预期　　　　□B 基本达到预期　　　　□C 没有达到预期

8. 本次培训的组织您满意吗?
□A 满意　　　　　　　　　□B 一般　　　　　　　　□C 不满意

9. 您认为此次培训还应增加哪些方面的课程?

10. 您认为培训师授课还需在哪些方面有所提高?

11. 您从此次课程中学到了哪些知识?

续表

12. 您能够将哪些内容应用到实际工作中？如果应用可以提高您哪方面的工作品质？提升百分比估计是多少？